〜何才からでも始められる「自分育て」〜

自分を好きになる練習

東京大学名誉教授
矢作直樹

文響社

はじめに――「自分育て」は何才からでも始められる

あなたは自分が好きですか。

逆に嫌いだったりしますか。

この質問に戸惑う方も多いでしょうし、そんなこと尋ねられた経験がないという方もいるでしょう。

どちらかと言えば好き、どちらかと言えば嫌い、そう答える方もいるでしょう。

ものすごく好き、ものすごく嫌い、中にはそういう方もいると思いますが、最も多いのは「好きでも嫌いでもない」という回答かもしれません。

自分のことを好きな人と嫌いな人の比率やその理由などは数十万人規模のアンケ

ートでもとらないと正しく分析できませんが、一つだけ断言できます。

「自分を好きになったほうが人生は楽しくなる」

これだけは疑いようのない真理です。

実は私自身、これまでの六十数年の人生を振り返ると、好きとか嫌いという視点で自分を見たことがありませんでした。自分を好きか嫌いかと聞かれても、どうにも答えようがなかったのです。そんな余裕が皆無でした。

人生の目的はと聞かれると「ない」と答えていたし、目標はと聞かれると「とりあえずある」と答えました。

でも、それは決して個人的な目標ではなく、医師である以上、自分が置かれた環境でなにをすべきか、改善できる点はなにか、部下を持ったらどうマネジメントすべきか、そういう業務上の目標でした。

何度か著書に記しましたが、本当に仕事ばかりやってきたせいで、私は東大病院の救急部および集中治療部に在籍していた時代、体が完全崩壊する寸前までいきました。勤務時間の長さや睡眠時間のなさは非常識そのものでした。

救命する側が救命されかねない——そんな事態は笑えません。

国民の健康維持に寄与したいと言えば聞こえはいいかもしれませんが、ブラックな働き方を絵に描いたような状況で医師が討ち死にでもすればなんの意味もありません。

そんな状況で「あなたは自分が好きですか、それとも嫌いですか」と質問されても答えようがなかったでしょう。

でも、立てた目標をクリアしたときの達成感はありました。

だから今の私は「あの頃の私」を否定も肯定もせず、それでも少しだけ褒めてやりたいと思っています。あんな過酷な状況でよく生きていたなと。

では、今は？

もちろん自分に感謝しています。毎日が楽しく、例えばなんの予定もない日でも無性に楽しい気分です。すべてのスケジュールを自分で決められる点も大きいでしょう。

自分でクリニックを開業しているわけでもなく、どこかのクリニックに雇われているわけでもありません。なんとか生活費を稼ぐしかないので、不安定と言えば不安定ですが、それでも今の自分、というか「今この瞬間」が好きです。

それはもう、好きとか嫌いという線引きを超えています。

なによりも、ありがたいのです。

よくぞここまで生きてきたなと。よくぞ今日まで死ななかったなと。

自分の体には感謝してもしきれません。ありがとう体よ、と。明日の朝、目が覚めなかったとしても悔いはありません。よく頑張ったという感謝とともに他界できます。

死んでもおかしくない瞬間が人生に何度もありました。小学生時代の交通事故、山岳での一〇〇〇メートル滑落、救急部門での激務。

死は何度も訪れたのに、それでも死ななかった自分には感謝しかありません。

ちょっと振り返ってください。

人生を「生き抜いてきた」という気持ちが、どこかにありませんか。

普段はそんなこと意識しないでしょう。でもその気持ちはどこかにあります。

泣いた、悩んだ、苦しんだ、迷った、恨んだ、かなわなかった、憎んだ、つらい日々だった、悲しい気持ちが拭い去れなかった――

それでも死ななかった自分、死を選ばなかった自分、前に進んだ自分。

そんな自分を、ほんの少しでもいいので褒めてあげませんか。よく生きてきたねと、すごいなと。やるじゃないか自分と。

普通に生きているだけで、私たちは奇跡そのものです。

死は、病気になったり事故に遭ったりしなくても、私たちのすぐそばに常に存在します。災害で亡くなることもあります。

事件に巻き込まれて亡くなることもあります。人間関係の悩みが積み重なるとストレスで亡くなることがあるし、死を選んでしまう人もいます。

でも、生きている。

ということは、自分自身が意識していないだけで、私たちはすごく多くのハードルを越えてきたということです。子宮内での受精競争で優勝しただけでなく、今こうやって唯一無二の存在として生きている。ダントツの優勝です。

だからこそ私たちは奇跡そのもの、なのです。


生き抜いてきた自分に感謝すると同時に、さらに重要なことがあります。

それは「これからの自分を育てる」こと。

これからの自分を育てる——

つまり「これまでの人生に感謝し、今この瞬間を楽しめる自分」を育成することは、自分以外の誰にもできません。

そして、この「自分育て」に年齢は関係ありません。

二〇代だろうと九〇代だろうと、いつでもスタートできます。

私は大学を任期満了退官してから自分育てを始めました。まだ四年ほどですが、日々が楽しいので育て方は間違っていないのでしょう。

本書では自分を好きになるとはどういうことか、好きになればどうなるのかを、様々な角度から論じたいと考えています。
最後まで、ごゆっくりお付き合いください。

矢作直樹

二〇二〇年五月

目次

第一章　何かに合わせて自分が変わる必要はない

第二章
自分の心と人生を、他人に明けわたさない

第三章
自分と違うことを、否定しなくていい

第四章
「今いる自分」へありがとう

第五章 すべての答えは自分の中にある

謝辞

この本を出版するにあたり、せちひろし事務所の瀬知洋司さん、友人の赤尾由美さんにたいへんお世話になりました。

ここに深謝いたします。

第一章

何かに合わせて自分が変わる必要はない

自分の理想は自分が知っている

最初にお断わりしておきますが、人間は想像以上に複雑な生き物で、多様な感情が交錯しながら存在しており、無理に自分を好きになろうとしてもなれません。

自分を嫌いなときは嫌いだし、他人が気になってしかたがないときに気にするなと言われても無理です。そういうときはそういう流れが強いからです。

ですので、今すぐ自分を無条件で好きになりましょう、他人を気にしないようにしましょう、とは言いません。

まずは、自分の体に「ありがとう」と感謝することから始めてみてはどうでしょうか。自分の体をまず自分が認める。自分以外からの承認を求めるのではなく、自分で承認するのです。

こうすることで、体の中が、いわゆる「気の流れが良くなる」という状態になります。体に感謝すると体が喜びます。体には体のお役目があり、そのお役目を果たせているのだと細胞レベルで喜ぶ、つまり体内環境が活性化するのです。

ないものねだりという言葉があります。自分が備えていないもの、自分にはないものを欲しいと感じる感情です。この感情が強くなると飢餓感が増し、他人を嫉妬するようになります。時間を追うごとに相対感（他人と比べて自分はどうかという感じ方）が増加し、自分をみすぼらしく思うようになります。

顔や体つきには遺伝的要素が出ますが、メディアで垂れ流される情報に左右されて「自分はダメだ、ダメのかたまり」と勝手にネガティブな評価を下し、整形やダイエットに走る人もいます。

それが一度で終わるならまだしも、そんな強迫観念は「もっともっと」という強い感情を生み、ないものねだりに呪縛された危険な状態となります。

ぽっちゃりもほっそりも美しい。私自身、本音でそう感じます。

自分がどちらでもないからそう言うのだろうと、思う人もいるかもしれません。

でもそうではなくて、体型にも顔つきにもそもそも理想なんてないのです。この自然界で人間ほど多様性に満ちた生物も珍しい。だからどんな体型も美しく興味深いのです。

理想はどこかの誰かが「儲けるために」勝手に作り上げたもの。どこかの誰かが儲けるために作ったものに振り回される——、そんなバカな話はありません。

この話をすると思い出されるのがタレントの渡辺直美さんです。

今や彼女は日本だけではなく、アジア全域で、それだけではなくアメリカでも大人気です。世代を超えた女性たちにダントツの人気タレントです。

人気の理由は彼女が「ありのまま」な点。誰とも比べず、無理せず、自分を楽しんでいる。自分を生きている人は、世代を超えて必ず支持されます。

私たちは自分以外の誰にもなれません。

究極の理想は「自分になる」ことです。

理想は、
人に教えてもらうものではない。
みんな、自分の中にある。

軽快に動ければ、体格が人と違っても問題ない

骨格、筋肉、脂肪、この三つの組み合わせで、人体のアウトライン（輪郭）は構成されていますが、そのバランスは唯一無二です。一卵性双生児を除くと、身体条件が完璧に一致する人間はいません。

唯一無二なのに、世代を超えて多くの人が気になってしかたないのが、太っているとか痩せているといった、いわゆる「体格の問題」です。

ところがその判断基準が、単に身長と体重といった大雑把な項目だけでは適切な評価はできません。同じ身長でも胴長の人や骨太の人は重めになります。

最近は身体の構成をより詳細に測れるようになり、筋肉量、体脂肪率や内臓脂肪率等といったところまでわかるようになりました。そうなれば、同じ身長と体重で

も、筋肉量が多く、体脂肪や内臓脂肪が少なめであればより良いと評価できてとても有益だと思います。

それでも、それは静的な数字です。

それより、もっと単純で実際的な基準は、「動きやすいかどうか」ではないでしょうか。もちろん、身長の割に体重が重すぎれば、若いうちはよく動けても加齢とともに下肢や腰への負荷が効いてくる場合もありますが。

先ほど「ぽっちゃりもほっそりも美しい」と述べましたが、要は軽快に動けるかどうかが重要だと思います。

すらっとして見た目が美しいと言われても軽快に動けない人は体のどこかに不調が生じていることが多く、太っていると揶揄《やゆ》されても軽快に動ける人は心配するほどの不調が出ないことも多いのです。

好きな相手の顔や体格だって、人によって全く違うもの。だから「十人十色」なのです。十人十色は世界で巻き起こる「多様性ムーブメント」を象徴する、まさに日本的な四字熟語です。

細いも太いも気にしない。
動きやすければ、
それが自分のベストな体型。

ダイエットの前に、食べることへ感謝する

これまで著書で何度か触れていますが、よほどの事情（健康面での危機的状況）でもない限り、ダイエットは不要です。

人にはそれぞれ「適度な体調」というものがあります。

ややぼんやりとしたイメージかもしれませんが、要するに、生活リズム、食事、体重、運動（ルーティンを含めた行動量）において「この状態が快適だ」と感じる状況、それが適度な体調です。

いわば体のベスト・バランスです。

そのためにダイエットが必要だと主張する人もいますが、急なダイエット、無理なダイエットが、心身にどれだけの負担を強いるか、すでにお気づきのかたも多い

でしょう。一日三食を急に一食にする、糖質オフで炭水化物を一切とらない、など、極端に走らないことです。

私がよく言うのは「ダイエットではなく、食への感謝」ということ。

どんな食べ物にも命があります。

毎日、多くの命をいただいて自分の中に入れるので「いただきます」というお唱えが日本では習慣になっているわけですが、その感謝がないと食べることが楽しめません。

スマートフォンをいじりながら食べる、味を楽しむ余裕もなくガツガツと大量に流し込む、あるいは、いじり回して食べないといったようなことをしていませんか。

大量に食べる人（過食症）や早食いの人は、日常生活に対する欠乏感（飢餓感）が強いので適度な体調を壊してしまいます。これは脳の満腹中枢がシステムエラーを起こしており、心のバランスを欠いた状態です。

ぽっちゃりしているくらいならまだしも、例えば体重六〇キログラムくらいで軽快さを感じる人が九〇キログラムになると、もちろん軽快には動けません。軽快さは重要な基準なのです。

その軽快さを保つには、ダイエットの前にまず食への感謝をしてはいかがでしょう。

「今日もご飯が食べられる、ありがとう」

たったこれだけです。**食に感謝ができれば、食べる速度、食事中の会話、食べる物の中身が、自然と変わることと思います。**自分が食べている物や食べ方に関心が向くので、ジャンクフードや添加物が増量された食べ物を避けるようになり、野菜や果物や発酵食品など自然界の多くの素材がおいしく食べられるようになるでしょう。日本の伝統食はヘルシーです。

これができれば、ダイエットは不要です。

つまり食事の回数を減らさずとも食事の内容を見直すだけ。その先には環境問題への関心が広がり「なるだけゴミを出さないように」と心がけるようになり、地球的にも適度な体調となることでしょう。

食に感謝できれば、自分の体にも感謝できます。どうしても自分（の体）に感謝できない、自分は好きになれないという人は、食に感謝してみてください。なによりも私たちは、毎日食べることで生きていますので、そこはそう難しくないはずです。食に感謝することができれば、食べ過ぎも、食べなさ過ぎも、ダイエットへの執着も、自分の中から消えていくのではないでしょうか。

すると、自分の「本当の満足感」がわかります。

満足する食事の量は各人で違います。どんどん食べろと妙にお節介な人もいますが、気持ちをいただくだけにして自分の体の声を聞きましょう。

満足する食事内容も各人で違いますが、そこは適当なバランスがあって、例えば肉食偏重の人は無理のない範囲で野菜や発酵食品を摂取することを意識したら良いでしょう。栄養の偏りが消えます。

あと、これも大事ですが他人を気にしないこと。相対感が強くなると他人が気になってしかたなくなり、そこからダイエットへと走る人も多いからです。

体格には個人差があります。それが個性だと忘れないこと。**誰かのマネをしなくていいのです。自分が軽快だと思えれば、それが適度な体調です。**

食べ過ぎも、
食べなさ過ぎも良くない。
「ちょうどいい満足感」がいい。

体質を見極める

友人と同じように運動しているにもかかわらず、長距離は自分が速くて友人が遅く、短距離は自分が遅くて友人が速い。そんな経験はありませんか。

もちろんトレーニングのしかたにも工夫の余地がありますが、それ以上に影響するのが遺伝的な体質です。この「体質の見極め」が重要なのです。

手っ取り早く結論を言えば、その人が「赤筋と白筋」のどちらが優位な状態にあるかで、運動面での能力（得手・不得手）がある程度まで決定されます。

骨をサポートしながら体全体を動かしているのは骨格筋と呼ばれる筋繊維の集合体ですが、筋繊維には赤筋と白筋があります（二つが入り交じった状態）。

赤筋は遅筋繊維と呼ばれます。見た目には赤い筋肉です。

収縮するスピードが遅いのですが、ミトコンドリアの数が多いので酸素を大量に摂取できます。よって赤筋が優位な人は長距離走に向いています。

白筋は速筋繊維と呼ばれます。見た目には白い筋肉です。

収縮するスピードは速いのですが、ミトコンドリアの数が少ないので酸素は大量に摂取できません。でも無酸素状態での収縮能力が高く短距離走に向いています。

赤筋と白筋、どちらが優位なのかは遺伝的な体質によります。

そしてどちらが優位でも、片方の筋繊維が劣位だということにはなりません。人間にとっては、どちらも必要な性質だからです。

そういえば、魚にも赤身と白身があります。赤身は遠海魚、つまり陸地から遠い海を長い距離で回遊する魚です。白身は近海魚、つまり陸地から近い海を回遊せずに短い距離で過ごす魚です。運動時間における長い短いが遺伝的な筋肉の性質によるという点で、魚と人間は似ています。

なお、白筋は加齢で減りやすい筋繊維であり、年齢とともに転びやすくなるのは白筋が減るから。適度な運動でそれをサポートしましょう。

筋肉の質によって、
得意なことは変わる。
自分の体質を見極める。

スポーツの勝ち負けはどうでもいい

健康維持のために運動は適度にしたほうがいいですが、スポーツは必ずしも必要ありません。

そう話すと「?」という表情をされる人も多いのですが、私に言わせれば運動とスポーツは別のものです。

運動とは、体の機能を保つための動作です。

スポーツとは、他人と競って勝ち負けがつくものです。

だから私たちにまず必要なのは運動です。

最近の研究では、体のことだけを考えるなら身体に過度の負荷をかけ続けるような激しい長距離走よりは適度なジョギングやウォーキングのほうを推奨しています。

もちろん人と競ったりゲーム感覚を楽しむのが好きな人はされたら良いです。健康のためにはやり過ぎないように留意が必要です。若いうちは体の回復力があるので大概の無理はきくかもしれません。

ですが、加齢とともに過度の負荷を受けきれなくなってきます。気持ちはいつまでも若いつもりでいたいのが人情ですが、壮年期以後は、体の声を聞いてあまり無理しすぎないようにしたいものです。

では、健康を「害する、害さない」の境界線はどこにあるのか。

それは、息切れをするかしないか。

息が切れるほどの動作か、あるいはそうでない動作か。

重要なのは、ここです。

息切れしないペースで運動すれば、体にダメージを与えることなく、逆に適度な体調を保つことができます。

そのときに頭に置いて欲しいのは、例えばタイムとか、回数とか、数字に振り回されないということです。

私は複数の著書で自分自身の運動について「これくらいの回数、ペースでやっています」と書いていますが、それは私自身の息切れしないペースであり、皆さんは皆さんの息切れしない回数やペースを見つけて欲しいのです。それも日々の体調により変わるのでご留意ください。

仮に早々に息切れしてしまうような人であっても、その人の体はそこで満足感、達成感を十分に得ています。まさに時短、省エネの賜物です。

距離についても個人差があります。

何十キロメートル走るべしとか、何キロメートル泳ぐべしとか、数字にとらわれる必要はありません。息切れをする距離なら、すぐにやめること。また、自分で決めた距離、ペース、あるいは回数だとしても、調子が悪ければやめること。決めたことは絶対ではありません。

調子を悪くしてまでやることなんて、この世にはないのです。

激しい運動では体内に活性酸素が大量に発生します。この活性酸素は老化や様々な病気の原因となる物質です。

そういう意味でもスポーツ、というか激しく息切れするような動作はお勧めしませんが、もし激しく息切れするようなスポーツをしたら、クールダウンをし、ぐっすりと睡眠を取り、朝はちゃんと起きて太陽の光を毎日必ず浴びることをお勧めします。この過程を経ると私たちの体内にメラトニンというホルモンが産生されます。成長ホルモンと並んで重要なメラトニンは、免疫力を向上させる上に抗酸化作用がある重要な物質であり、活性酸素などの有害物質を除去してくれます。

しかし万能のホルモンではありません。メラトニンがいくら頑張ってもその能力には限界があります。激しいスポーツを続けると体内修復は追いつきません。

だからこそ、適度な運動、適度な睡眠、適度な食事。

そこに尽きるのです。

人と競って
数字や勝ち負けに、
振り回されない。

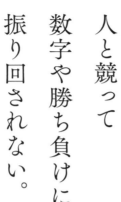

「数字で競い合う」のはやめる

中高年層でスポーツに打ち込んでいる人の中には「昔こうだった、だから今も、今後もそうありたい」と思う人が、少なからずいます。スポーツに打ち込む自分が好きな人は多いでしょう。私も六四歳、気持ちはなんとなくわかります。

でも、そこでちょっと考えてください。

自分の中にじわじわと生まれるそんな感情こそ、私たちの大敵です。

なぜ、そんな感情が生じるのか。

中高年層は、高度成長期、バブル期、その後の日本経済が揺れ動いた時期に働いてきた人々ですから「結果を出さないと気が済まない」傾向が強いのです。

結果主義、実績主義ですね。

実績、業績、つまり数字を作り上げることに邁進した人々ですから、どこかで終わりではなく、ずっと結果を出していたい、数字を出さないと自分の存在価値がないと考えてしまうわけです。

最近、私は若い頃登山をしていた山域を、四季を問わず訪れ、当時の三分の一から、四分の一ほどのごくゆっくりしたペースで散歩（登山）しています。一日の行動時間も当時の二分の一から三分の一ほどです。若い頃と違って天候の悪いときは動きません。

私自身は遅いペースを楽しめていますが、高齢者が息を切らせて登る様をよく見かけます。山では無理をしすぎると体に良くないだけではなく、ときに事故のもとになるので注意が必要です。

最近は「百名山の踏破」など様々な山岳ブームも手伝い、中高年層の山登りが盛んになっているようですが、山というのは日常ではありません。普通の人間が住む場所ではない山ではなにが起きても不思議じゃないのです。

山登りに限りません。**数字ありきの無理をされないよう願います。**

「結果を出す」ことに
もうこだわらなくていい。

良い・悪いではなく、どこを見るか

人は、なにかがなければ、なにかがある。そんな生き物です。

誰にでも、必ず「あり」ます。

自分の利点に着目してみてください。

体力のなさを憂慮する人がいるとします。体力はある程度までは伸ばすことが可能ですが、体質によって差があります。これればかりはしかたありません。

しかし体力がないことで利点もあります。他の人よりも少ない運動量で息が上がりますから、早い時間で達成感を得ることができます。これぞ時短。

クラシックをよく聴く私は、幼い頃から音楽への憧れがありましたが、いわゆる「奏でるほう」の才能はありませんでした。

自分にはそういう才能は全くないなと早い段階で見極めができたので、遠回りすることなく、おかげで「聴くほう」に特化することができました。

ずっと「奏でるほう」の音楽をやってきて、なかなかうまくいかず、悩んでいる人も大勢見てきましたが、どこかで切り替えられると楽になるのでは感じます。

プロとしてスポットライトを浴びることは魅力的ですが、**草の根のアマチュアにも利点はあります。有名人にはなれませんが、一切なんの制約もなしに自由に演奏できます。好きにやれます。**プロには色々と縛りがあります。

ちょっと前ですが、ある所で話しているときに「プロの読者」という言葉を耳にしました。聞き慣れませんが、どこかわかるような気がする言葉です。

プロの読者を自称する人には、作家になりたかった人が多いそうです。

どんなジャンルの作家だろうとデビューする年齢は関係ないと思いますが、自分は書くよりも、むしろ「読むほう」が向いていると感じた人が結構いらっしゃるのでしょう。多くの本を読み、知人や友人間で話したりSNSで論評することが楽しければ、それもまた自分の利点を見極めたことになります。

体力がない人は
運動の達成感を早く感じられる。
アマチュアのほうが
プロより自由に楽しめる。

「ちょっと雑」くらいで人生ちょうどいい

老化、老化と、世間ではまるで鬼っ子のように非難しますが、私にとっては、老化も加齢もさほど悪いものではありません。

加齢に伴う老化と呼ばれる現象は、体がそこまで頑張ってきた軌跡です。

頑張ってきたわけですから傷つき錆びついています。道具だって使っているうちに傷つきます。それと同じ。できなくなることが増えたり、なにかが苦手になったり、不得手になったりするのは、人間にとって自然なことです。

そんな「ありのままの自分」だからこそ、もっとかわいがりいたわりましょう。様々な局面を乗り越えて今まで頑張ってきたのですから。

二〇代で腕立て伏せを一〇〇回やることで達成感を得ていたとしても、それから数十年も経てば、たぶん三〇回くらいで息が上がるかもしれません。

そうしたら、それを上限として、二〇回くらいが体には良いのでしょう。

でもこれは、考えようによってはコストパフォーマンスが良いと思いませんか。

短い時間や少ない回数で、やりきった感、つまり満足感を得られるわけですから時短で省エネです。そう考えると老化や加齢は悪くないですね。

それに運動や習い事は年齢が増してからのほうが面白かったりします。

若い頃は誰かに指示・命令されるような感じで、結果主義というか、数字やスキルを上げる方向へと追い込まれがちですが、中高年の運動や習い事は誰かに命じられてやる必要がありません。自由に生き生きと動けます。

老化や加齢を気にしないほうが確実に人生を楽しめます。なにかができなくなったとしても「まあいいや、それもありのままの自分」と受け取れるからです。

ちょっと雑に生きるくらいで、人生はちょうどいいのです。

老化するのが人間。
気にしないほうが
人生楽しめる。

できることを、どこまでやるかは自分で決める

大きなことを言える立場じゃありませんが、勤務医として三五年間、私を支えていたのは「患者と雇い主への責任感」でした。

勤務医にとってのクライアント（顧客、依頼主）はこの二者です。よって仕事をする上では必ず二者について分析をしました。

患者はなにを望んでいるのか、この段階で優先される手法はなにか、患者の家族はなにを望んでいるのか、病院（院内組織）で自分が役立てることはなにか、組織上の改善点はどこにあるのか、そのためにはなにが必要か。

寝ている時間以外はそれだけを考える日々でした。医療とはいえ、すべて仕事です。実績も費用対効果も求められるわけで、そのあたりについては一般の企業に勤

務する会社員、そして企業経営者と、さほど違わない思考と行動でしょう。

要は自分にできることを、どこまで提供するかということ。

これが仕事です。「こと（事）につかえる（仕える）」と書きます。会社勤務だけでなく家事も育児も仕事です。見方によっては外で働く以上に大変です。

先ほど責任感で支えられていたと述べましたが、すべての働く人を支えているのは「社会の一員として貢献したい」という責任感です。当事者意識ですね。

仕事が面白くないと愚痴る人も、上司に怒られてばかりの人も、会社や人間関係に不満を募らせながらもやめないということは、どこかに責任感を宿しており、なにかでうまくいったときに、その人のエネルギーが負から正へと転換します。

そのきっかけをどのタイミングでつかむか、という個人差でしかありません。

責任感を自ら捨てさえしなければ、どこかのタイミングで人は必ず軌道に乗り、責任感は「達成感」へと変わります。どうしても感謝を持って楽しむことができなかったなら職場を変えればいい。まずはやるだけやってみること。

どこまでやるか、
どうやるか、
責任感を持って決める。

働き過ぎで大切なものを失ってわかったこと

責任感は大事ですが、働き過ぎはいけません。私自身がいい見本です。それこそ絵に描いたようなワーカホリック（仕事中毒）でしたので、人生で大切なものをたくさん失いました。

私の場合、自分がやらなきゃという思い込みが強かった上に、ある病院の救急・集中治療では、最終的にはスタッフ三〇人でやっていた仕事を常勤スタッフ四人ではじめました。ですので、多くの仕事を自分がこなさなければという思いがさらに強まり、それが原因で体が崩壊寸前となりました。

では、どうすれば良かったか。

増員してもらえないなら自分たちが稼働する日時を決めた上で「ここは大丈夫、

ここは無理」という意思表示を明確にすべきだったのでしょう。働く側である自分たちの体（心も）には限界があるので、ここからここまでの時間は役務を提供できないという割り切りが必要だったと反省しています。

救急・集中治療という部門は院内他科（各専門科）からの依頼が多い部署であり、そこに私やスタッフがいれば「なんだ、いるじゃないか。だったら頼むよ」とひっきりなしに注文が入るような部署です。

こういう部署には、二四時間三六五日、言うならば息を吸って吐くような刹那にも患者の命を守らなきゃいけないという強い「圧」がかかります。

そもそも論になりますが、そういう性質の職場に私のような思い込みの強い人間を配置することが正しかったのかどうかも、今となってはわかりません。

でもこれだけは、はっきり言えます。

「医師が討ち死にしては、救える命も救えない」

働くとは「はた（端）をらく（楽）にする」ということ。**自らの頑張りで会社や社会に貢献することは疑いようのない素晴らしいことですが、働き過ぎると誰にも**

貢献しません。自分が壊れるだけでなく、周囲に心配とか不安という負のエネルギーを撒き散らすことになります。

働き過ぎという状況は、自分自身の問題（やらなきゃという思い込み）と、組織の構造上の問題（人手不足）にわかれます。

私のケースは両方でしたが、どちらも早期に解消する必要があります。そうでないと本人は体調を崩すかもしれないし、会社に対しても社会に対しても不満を募らせるかもしれません。

どこまでやれるか、無理が利くか、そこは個人差があります。

知力だけでなく体力も各人で違います。たまの残業ならまだしも、残業や長時間労働が毎日のように続けば、健康にも業務効率にも悪影響を及ぼします。

つい忘れがちになりますが、働く上で最も大切なのは「質」です。

仕事は量や時間ではなく質で考えるもの。だからこそ割り切りも大事。雇う人にとっても雇われる人にとっても重要な問題なのです。

働き過ぎは
自分にとっても
周りにとっても良くない。

何事もやり過ぎは毒

働き過ぎる人や頑張り過ぎる人には、悪い共通点があります。それは「体の声」を聞かないこと（自分の体の声が聞こえていない状態）。仕事だけではありません。趣味、奉仕的な活動、あるいは知人や友人間でのとりまとめ役でも、頑張り過ぎると突然ガクッときます。どんなに好きなことでも、やりがいを感じていることでも、自分が動くわけですから、体にとっては運動という負担を強いています。

私も経験がありますが、本当に突然ガクッときます。

体だけならまだしも、急にふさぎ込んだり、鬱っぽくなったり、誰にも会いたくなくなったり、部屋の中で動けなくなったりする人もいます。燃え尽き症候群のような感じで、すべては体の悲鳴に気づかなかった結果であり、体を休ませなかった結果です（詳細は拙著『自分を休ませる練習』をご一読ください）。

好きなことをやるのは大賛成です。誰しも人生がどこで終わりを迎えるかわかりません。だから毎日、今この瞬間を楽しむのが一番です。

誰だって楽しい気分のときの自分が好きなはず。著書や講演会で私が何度も繰り返す「中今《なかいま》」という言葉は、そういう意味の言葉です。

でも、やり過ぎないでください。ほどほどに。

ぎっしりのスケジュールなら見直しましょう。体の力を抜いてください。

一日一回でいいので、体をグニャグニャにするような体操をする。頑張り過ぎる人には体の硬い人が多く、体が硬いとケガをする危険性が高まります。

人混みで誰にもぶつからないように「スッと避ける」のが楽しいと話す知人がいます。私も路上でぶつかったことはありませんが、体幹を鍛えると簡単にできます。

そのためには柔軟性が必要です。しなやかさ、つまり体幹の力を上げればストレスも溜まりません。まずは「体の声」を聞きましょう。

頑張り過ぎる、
疲れ過ぎる前に
やめる勇気を持つ。

第二章

自分の心と人生を、他人に明けわたさない

心をお金の奴隷にしない

最近は「老後資金には〇千万円必要、あなたは大丈夫ですか⁈」というニュースをあちこちで目にします。そもそも老後の定義が曖昧なのに、老後は大丈夫かとメディアに煽られる筋合いなどありませんが、連日のようにテレビや新聞やインターネットでそういう情報が出ると否が応でも目につきます。

こういう迷惑の礫《つぶて》みたいな情報こそ、ストレスの元凶。

お金に困らない人生は楽だろうなと思いますが、お金を持っている人ほどさらにお金を欲しがる傾向が強いと思いませんか。

欲には限界がありません。そこが魅力ですが、同時に苦労のもとでもあります。

欲に歯止めをかけるストッパーも欲の方向を切り替えるハンドルも自分しか操作

できません。操作できなければ、お金は手段で目的じゃないという前提が崩れて欲の底なし沼へと引きずり込まれるだけ。そういう人を結構見てきました。

生活する上での手段であると同時に、お金は自己表現のツールであり、なにかをやるときの原資です。自己表現はお金がなくてもできますが、あれば選択肢は増えます。それくらいは私も理解できます。

人生の余裕はお金次第と豪語する起業家や経営者、あるいは芸能人などの著名人も少なくありません。たしかになにかをする上での選択肢は増えるでしょう。好きな物が自由に手に入る喜びは、味わった人にしかわからない快感でしょう。

でも、それがすでにお金に執着した状態だという事実を本人は認識しているのでしょうか。彼らはお金があるのである種の万能感を持っていますが、ではお金が手元から消えたとき、彼らは同じように万能感を持てるでしょうか。

結局、心の余裕はお金では満たされるでしょうか。億万長者になったから心まで自由になれるかと言えば、それはちょっと難しいと言わざるを得ません。

人は、なにかを欲しがっているうちはずっと奴隷です。

お金があるのは悪いことじゃありませんが、その事実が自分と他人を比べたり推し量ったりする上での相対的な物差しになっている人を見ると、おやおやと感じます。逆にお金がないないないと騒ぐのもどうかしています。これも同じくお金の奴隷となっている状態です。

お金は「後づけ」で考えるほうが、自分にも自分の周囲にも、圧力というかストレスを与えずに済むのではないでしょうか。

後づけで考えるというのは、まず貢献ありきという考え方です。

お金を先に考えず、まず誰かに、社会に貢献することを優先する。お金は後ろからついてくるという考え方です。お金、お金と、亡者化しないこと。

お金に使われていませんか。

お金の奴隷になっていませんか。

本当に心地良いことが大切です。

先に自分が人に与えれば、
お金は後ろからついてくる。

自分の原点に戻る

心を自由にする方法はたくさんありますが、多くの人が意外と考えないのが「自分がその昔、好きだったこと」という着眼点です。

私は幼少時に住んでいた自宅の周囲に広がる自然が大好きでした。趣味としての登山はそういう原風景も手伝っているのでしょう。

現在もたまに山に散歩に行くのは、自然界を織りなす崇高な空気に触れることで自らの心の余裕を確認しているのかもしれません。

また鉄道好きでもあります。友人は「乗り鉄」といってからかいます。

仕事でもプライベートでも全国に出かけるときの足は基本的に鉄道であり、鉄道に揺られて旅をしているとなんとも言えない至福を味わいます。

母親の影響もあって一〇代の頃までは絵を描いたりしていましたが、そこについてはこれからの楽しみというところでしょうか。

いずれにせよ「その昔、好きだったこと」が複数あり、どれもたくさんのお金がないとできないことではありません。

多少のお金は必要ですが、実行するために大きなお金がいるというレベルではないので、やりたいと思ったときに実行できます。

一番いいのは年齢に関係なくできるところ。散歩も、鉄道も絵画も、好きな人なら誰でもやりたいタイミングでやれます。

映画が好きだった、バンドをやっていた、歴史が好きで各地を巡っていた、そういう人も多いでしょう。仕事や家事・育児に身を取られ好きなことに割く時間がないと悩む人も、家族など周囲の協力で必ず時間をひねり出せます。**そして自分に時間をもらえたら、今度は相手が好きなことをする時間を作ってあげればいい。**

心の自由は「お互いさま」の精神で生まれるものです。

小さなことでいい。
昔好きだったことをやってみたら、
心が自由に動き出す。

一緒にいる人は選ぶ

人間関係は、心の自由、心の余裕にとって最も重要度の高い部分です。

先に結論を言うと「自分が心地良いと感じる人と一緒にいる」というのが、正解というか真理でしょう。

この「心地良い」という感覚には共通する要素があって、

① **利害関係がない**
② **時間の感覚が合う**

この二つはとくに大切です。二つを満たしている人と一緒にいるとストレスが生まれず、とにかく気が合います。よって心地良いのです。

利害関係がなければお互いに無理をしません。だからその場、というか一緒にいる空間のエネルギーが澄んでいます。揉めないのでエネルギーが濁りません。

時間の感覚が同じであれば支障が起きません。てきぱきする同士、のんびりする者同士、スケジュール通りに動く者同士、スケジュール通りに動かない者同士。いずれも時間の感覚が合うのでうまくやれます。

どうしても、**付き合いの大半は義理によって実行されます。**

行きたくない飲食、出すのが面倒なお礼状や年賀状、やたらかかってくる電話、すべて義理のなせるわざ。

そうは言っても村社会で生きている以上、避けて通れないことも多いですが、もし「自分の時間を奪われている」と感じたら、対象から少しずつ距離を取ることも自分を守る上で大事です。

時間を奪われる——これほど人生で空虚感が増すこともありません。

「時間を奪われた」
と感じることで、
人生を満たさない。

メールの相談に返事をしなくなった理由

二四時間三六五日、自然体でいられて、かつ心地良い人間関係を維持できるのは最良の人生ですが、自然体はたまに不自然となることがあります。

自然体とは、無理がない、気負いがない状態。媚びへつらいも忖度もなく、心配させることもさせられることもなく、上下という心理も存在しない状態です。

仕事をしていると、面白いことや楽しいことだけでなく面白くないこと、ストレスのかかることもあります。気の進まないことがあれば、なぜ自分がと悩んでしまう場面も多々あるでしょう。

仕事が終わってやっと自由な時間になったというのに、きつい、だるい、しんどい、そんな気分が続くようなら自然体とはほど遠い状況です。

その仕事が好きなことであると思えるなら（あるいは自分の脳にそう刷り込めるなら）悩みは小さくて済みますが、それができない人も大勢います。人間関係と同じく、あまりに悩むようなら離れる（やめて移動する）しかありません。

個人レベルの交流でも自然体が壊れることがあります。

その筆頭は依頼、相談という類いでしょう。

東大病院に勤務していた時代から私のところにはよく、健康に関する依頼や相談が来ました。所属部門の性質上、電話に出られないことが多かったからでしょうか。次第にメールでの相談が増えました。

内容的には、○○が不調でどうしたらいいのか、かかりつけ医がこう言っているが正しいのか、長患いをしているが治るのか、そういうものが中心です。

医療や健康に関する相談メールは総じて長文が多く、一つ読んでそれに答えるまでに結構な時間がかかります。責任を伴いますので、そこは丁寧にやりました。

現在はと言えば、医療の現場から離れています。だから詳細な状況を告げられても、深い交流もなく、カルテやそれ以前の治療データもなく、そもそも触診のしようもないわけで、そうなると「答えようがない」というのが結論です。

しかし長年、ストレートにそう答えることができませんでした。

見知らぬ相手にできる限りの想像を働かせ、病状を推定し、その人が居住する地域で候補となる医療施設をあげ、そこに行ってまずは相談し診断を受け、おちついたらかかりつけ医を見つけるようにとアドバイスしていました。そうしたら、ある日、その事実を知った友人たちから「見ず知らずの人からの相談など受ける必要ないですよ」と言われました。

「そこまで割り切っていいんだ」と感心させられ楽になりました。

友人はそこに気づかせてくれたのです。要らぬお世話だと。今は大半の健康相談メールに対して返事をすることがなくなりました。

イベントの依頼についても事前にこちらのスケジュールを聞いてくれればありがたいですが、大半は事後に連絡が入ります。

大半はお断わりしていますが、交流がある人が関係していると「受けないといけないかな」と迷うこともあります。

色々考えた末、最近は私的な交流があった人のイベントについても不参加を増やし始めました。**そろそろ自分の時間を優先する時期かな、と思ったのです。**

もしその相手が「矢作さんはつき合い悪いな」と思うようなら、そこまでのご縁だったたということ。

それはそれで「付き合いを見極める」チャンスかな、と思っています。

不自然になるようなこと、
無理をしてストレスになることは、
やめていい。

リスト化して整理する

今、付き合いを見極めると述べましたが、友人や知人との付き合いを見極めて離れていくと自由になる時間が増え、好きなことがやりやすくなります。

もちろん人間は社会的生物ですから、誰かとなにかを一緒にやる、共同作業をするという楽しみもありますが、一人でやりたいことだってあります。付き合いを見極めると、そのためのスペース、つまり余裕ができるのです。

そこで準備したいのが「リスト」。

好きなことリストでもいい、やりたかったこと（憧れていたこと）リストでもいい。テーマも好きなように設定する。夢中度で分類する、実現度で分類する、時間や費用で分類するなど工夫してもいい。とにかくリスト化してみること。

リストを作成しているときは、誰もが夢中になります。

この経験（というか作業）が脳や心に大いに作用します。

好きなこと、やりたいことを、自由にリスト化している状態ですから、脳は活性化され、心はワクワクします。

もちろん現実の生活を考えると色々な制約があるだろうし、作成したリストをそのまま実現させるのは難しいかもしれません。


それでも、人は書いたものに向かって歩こうとするもの。


書くと動きやすいです。もしもリストを誰かに見られて笑われたっていいじゃないですか。その人の人生じゃありません。自分が主役の人生ですから。

私は散歩（登山）に行く前に計画を立てますが（公式サイトに掲載していますので良ければご覧ください）、そこでリスト化する作業を好きかどうかなんて気にしなくなっていました。長年、淡々とやってきたからでしょうか。

でもある日、知人に「嫌ならやらないのでは？」と言われ、なるほどたしかにそうだと腑に落ちました。嫌なら散歩にだって行きません。

そのリストは入山届け（申請）、入山計画書、などと呼ばれる書類ですが、これを作っているときはいわゆる「中今」と呼ばれる状態です。その瞬間を楽しんでいる状態です。そう考えると、やはり好きなのでしょう。

入山計画書を書くメリットは三つあります。**①自分が夢中になれる、②もしもの事態に遭遇したときの身分証明書代わりになる、③不要なものが判明する、この三つです。**最後の「不要なものが判明する」というのは意外と重要です。

背負える荷物には限界があります。あれもこれも、というわけにはいきません。若い頃のような体力もなし。極力必要なものだけ選んで入れ、さてどうしようかと迷うようなものは置いていく、これがリスト化のメリットです。

考えてみると、この作業は散歩に行くたびに身辺整理をしているようなものかもしれません。究極的に必要な装備だけで行くわけですから、同時に多くのものを手放す作業でもあります。

必要か不要かの判断。生きる上での大切な判断です。

リストにして書いてみると、
自分の優先順位がわかる。

心の自由を教えてくれるのは、身近な植物

古今東西、様々な人物が人生の節目でこの言葉を使ってきたように思います。

「植物から学ぶ」

私自身も今、この言葉を実感しています。

まさにその通りだなと。

心の自由は、すぐ目の前の植物に教えてもらっています。

今の私はと言えば、ネコの額のような小さな庭と室内で複数の植物を育てていますが、この習慣は幼少期、七〇坪ほどの実家の庭に母が植えた多くの植物の世話を手伝わされていたことが影響していると思っています。

適度に穴を掘り、適度に肥料を入れ、適度に苗を植える。

子どもにとっては面倒くさい労働という色合いが強いわけですが、色とりどりの花が咲く木だけで何十種類とあったせいか、労働をさせられているうちに植物の成長と華麗さへの感動、四季を通じた栄枯盛衰、春を待っての生まれ変わりの力強さを無意識のうちに味わっていました。まさに最もわかりやすい輪廻転生です。

サルスベリ（百日紅）の赤やピンク、キンモクセイ（金木犀）の橙、レモン（檸檬）の白――。かなり古い家でしたが、季節が変わるたび色とりどりの花が咲いていました。色覚と嗅覚は実家の庭で鍛えてもらった気がします。

今の自宅には多くの木を植える余地など微塵もありませんが、それでも鉢植えを室内に並べ、彼らに毎日のように話しかける楽しさがあります。

昔好きだったことをしようと先述しましたが、私の心には「植物を育てる」という項目がありました。

引っ越して最初に取り組んだのがいただいた植物の世話でしたから、たぶん自分で明文化（意識化）していないというだけの話だったのでしょう。原体験というのは強いものです。

身近な植物から、輪廻転生を学ぶ。

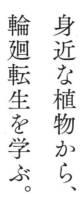

人生、思い通りにならないのが当たりまえ

かつて東大病院で「職住一体型の生活」に明け暮れていた頃は、植物を育てるなんて考えもしませんでした。とてもそんな余裕がありません。

つまり植物を育てることができるということは、「自分に余裕が生まれた証拠」だと思っています。

いただきもので食べきれなかったジャガイモから芽が出たので地面に植えたら毎年のようにジャガイモがなるようになりました（食べてはいません）。

本当に強いですね、ジャガイモって。農家の方は専門家ですからそのあたりのことは詳しいのでしょうが、素人目に植物の強さに感動する日々です。

東大を任期満了退官して個人事務所を開いた際にいただいた胡蝶蘭は寄せ植えされた株を植え替えし、現在も元気です。彼らは太陽の方向にぐっと首を伸ばします。その姿勢には学ぶべき点があります。わざわざ森林まで行かなくとも鉢植えから学べることがたくさんあります。

アジサイ（紫陽花）の育て方が難しいことも育ててみてわかりました。風通しが悪いとか日照時間が短いとかで、すぐにうどんこ病に罹ります。うどんこ病は葉っぱなどが粉をまぶした状態になるのですが、これは糸状菌というカビの付着で生じます。光合成ができなくなるので、やがて枯れます。きゅうり（胡瓜）とかトマト、あるいはいちご（苺）も、うどんこ病に罹りやすい植物です。

香木としての人気が高いくちなし（梔子）の天敵はオオスカシバという蛾です。漢字では「大透翅」と書きます。その名の通り、羽が透明です。

オオスカシバはくちなしの葉に卵を産みつけ、幼虫はくちなしの葉を食べて育ちます。くちなしはオオスカシバの食草というわけです。幼虫は葉っぱの保護色と化しているので見つけにくく、葉っぱの裏側に隠れてモリモリ食べています。

オオスカシバに個人的な恨みはありませんが、植物を育てるということはすなわち、生態面での弱点を知ることにほかなりません。

動物であろうと植物であろうと、強い部分と弱い部分があって、どのように武器としているのか、どのように防御しているのか、その生態系（エコロジー）を知ることが大事じゃないかと思うのです。

植物から私たちが最も学べること。

それは育成しているこちらのペースで育ってくれない点。植物たちはマイペースで成長します。様々な要因で成長が止まったり早まったりします。

「思い通りにならない（ままならない）」

これが植物たちから学べる最大の教訓かもしれません。もしかしたら母もマイペースな植物たちのマイペースから楽しく学んでいたのかなと、遠い昔に思いを馳せたりします。

今は私が楽しく学んでいますが（笑）。

弱いところもあるのは、
植物も人間も同じ。

自分のことが嫌いと思っても、体は自分が大好き

心の自由は「夢中になる」ことで確実に実現できます。それが好きなことであれば言うことありません。時間も年齢も立場もすべて忘れて楽しめます。

その状態こそ中今を楽しんでいる状態であり、一番重要な瞬間です。

趣味がとくにないとおっしゃる方は、単純に体を動かしてみてはいかがでしょう。

私は山で散歩をしていますが、山に行かずとも体はすぐに稼働できます。ストレッチや体操をするも良し、外をぶらぶら歩くも良し、買い物に行くも良し、旅行に行くも良し。無理に外出しなくてもいい、軽めに体を動かしてみることをお勧めします。動かしているうちに、ふと気づきます。

「そうだ、あれやろうかな」

ここで言うところの〝あれ〟の内容は人によって違いますが、その多くに「いつかやろうと思っていたこと（すっかり忘れていたこと）」が含まれます。

「いつかやりたいなあ、いつかやれればいいなあ」

体を動かすうちに脳を含めた体が活性化し、意識の奥のほうにあった潜在的な願望や目標（時間が経って忘れてしまったこと）の優先順位がググッと上がり「そうだ、あれやろうかな」と意識化するのです。

たとえ頭で自分のことが嫌いと思っていても、体は〝本能〟というかたちで自分を生かすようプログラムされています。

だから、いつかやろうと思いすっかり忘れてしまっていたことを思い出した瞬間、妙にウキウキするのです。思い出した自分って偉いぞと。

そのためにはまず体を動かすこと。ヘトヘトにならない程度に。

すると簡単に自分の本来の活力をひき出せます。自分ってすごいぞと。脳内の報酬系と呼ばれる部位が活性化され、自然に気持ち良くなれます。

なにも思いつかなくても、
体を動かせば脳は喜ぶ。

「夢中」が心を自由にする

個人的な話をすれば、最近は自転車による長距離の移動頻度は減りましたが、ランニングやウォーキングはやりたいときにやっています。

健康を気遣ってというよりも単純な運動ですが、体を動かしていると夢中になれます。いわゆる「中今」の状態になれるのはありがたいです。

この話をすると笑われるのですが、実は自宅内の階段を、米袋を入れたリュックサックを背負って上り下りしています。

トレーニングですかと尋ねられるのですが、トレーニングという感覚も実はなくて、単純に面白いから、楽しめるからやっています。

最初は歩きます。歩いて階段を上り下りして、五分とか一〇分やったら、今度はトントントンと走って上り、ややゆっくり下りる、それを繰り返します。

上り下りの時間もこれと決めているわけではなく、三〇分のときもあれば二時間のときもあります。そのときの気分、体調と相談しながらやっています。仕事などで出かけるとき以外は毎日のようにやっています。

単純に面白いからやっているわけですが、結果として体幹を鍛えているのでしょう。体力はないけれど、散歩で重い荷物を背負っているときでもなんとかやって行けています。副次的効果です。

長電話になりそうだなと感じたら「ちょっと待って」と断り、米袋を入れたリュックを背負って「お待たせしました」と言いながら階段を上り下りします。子機で会話しながらバランスボールに乗る人もいると思いますが、それと同じ感覚です。私の場合は米袋を入れたリュックを背負って階段の上り下りです。

人によって夢中になれることは違いますが、夢中は心の自由を拡大します。**なにもないという方は、まず体を動かすところから始めてみてはいかがでしょう。**

体を動かすのは、
階段の上り下りから始められる。
単純な運動は
心の健康にも良い。

第三章

自分と違うことを、否定しなくていい

「まあいいや」と「そうですか」

人間の最大の弱点は、なんだと思いますか。

私は「意識の壁を作る」という点じゃないかと考えています。

ここまではわかる、でもここから先はわからない――、私たちは感情的にそうなりますが、このわからないという部分に対して不安や恐怖を抱き、さらに敵意まで持つことがあり、そこがトラブル発生の元になるのです。

とくに恐怖、つまり「怖い」という感情は、自分が知らない、わからないことへの単なる不安を憎しみ（敵意）にまで発展させます。ここが実に厄介です。

インターネットはその象徴でしょう。

同じ意見の人同士で固まるコミュニティ。でもこれは現実の社会でも同じ。それをネットが投影しているだけ。

問題は「違う意見の人」への接し方です。

現実の社会――、学校、家庭、知人・友人、親族、会社、ご近所、そういうコミュニティでは、お互いの顔が見えていることもあり、議論や口論になってもどこかで収束をはかろうとします。ネットはこれが難しくなるのです。

二章で「体は自分が大好き」と述べました。

すべての人の脳を含めた体は自分が大好きです。人間はそういうふうにプログラミングされています。とかく口論では「自分が正しい」と正義のぶつけ合いとなり、議論もそうなりがちですが、これは自分が好きだからこそ起きる現象です。

しかし口論も議論も必ず収束します。なぜなら自分が好きだから。

自分が好きだから自分の正当性を主張しますが、自分が好きだから自分を守りたいという本能が発動されるのです。

議論や口論は知識や思想など情報の相互交換ですが、相手からもたらされる知識や思想が理解できない、あるいはそれが膨大な量だと、脳はシャットダウンしようとします。「疲れた」という信号を全身に送ってやめさせようとします。

私たちがうんざりして「もういい」とその場から離れようとするのは脳が自身を守るための指示で、論戦相手を恐れているわけではありません。

脳は無限ではなく、使えるパワーは限られています。

つまり今そこに貴重なパワーを割いてバッテリー切れになるのではなく別の部分に割くべきと判断するわけです。報酬と損失に関する「脳の損得勘定」については国内外の科学者や研究チームが興味深い論文を多数発表しています。

でも、これは「顔が見えている」ときに発動される効果です。

ネットではそれが通用しません。ネットは匿名空間が大半です。顔が見えないことで誰と議論しているのかわからず、人目を気にしなくなります。対面での議論や口論は時間が気になりますが、ネットは移動できるので時間の制約が薄れます。

自分と違う意見に持論をぶつけ、そのぶつけ合いが激しくなって周辺から大勢が参加すると「炎上」と呼ばれます。相手を屈服させ、やりこめることができれば、ネット空間では、まるで英雄のように崇められ、歪んだ神格化がなされます。これこそネット空間が生み出す闇です。

人目も時間も気にしないので脳はシャットダウンのタイミングが遅れます。だからネットでの議論や口論（筆論？）は収束が難しくなるのです。

賢い人が取るべき行動。

それは自分の中に意識の壁を作らないこと。自分がわからないことなら「わからないけど、まあいいや」とすればいい。**自分と違う意見をぶつけられたら「そうですか」と静かにそこを離れる。**議論を挑もうとする相手は自分の正義を貫き通して相手を屈服させたいだけ。だから受けなくていいのです。

私もわからないことだらけです。しかし無理にわかろうとすると脳に負荷がかかるので、そのまま流しています。

意識の壁は、わからないことに対して「間違っている」とか「敵だ」と判断した瞬間に生まれます。これがストレスであり、ストレスは万病の元です。

わからないことには、

「まあいいや」

自分と違う意見には、

「そうですか」。

他人の「評価」は人生にいらない

人類全体としてみた場合、私たちは「多様性」を示すよう進化してきた生物です。それにより、例えばある人では対応できない微生物に、他の人では対応できることで種としての人類がある感染症で根絶する危険性を減らしてきました。このように生物学的にみた多様性は大切なものです。

この多様性は、一人ひとりでみた場合、社会学的にも重要ではないかと思います。多様性、つまり「色々な人（人だけでなく動物も植物も）がいる、それぞれ自分とは違う」という環境の中で学んで意識の進化をする、それが人間です。

昔から、学校は果たして必要なのかという議論があります。

・**親以外の人（大人）がいる**
・**自分とは考え方も生活環境も違う人（子ども）がいる**
・**知らない知識を学べる**

学校の存在意義は、この三点にあります。

自分とは違う他者という状況、自分が知らないという状況。違いを知る、知らないことに気づく。そこに価値があります。だから文科省が定めた今の教育システムではなくても、そういう条件を満たせば、そこは学校という学び舎です。

知らない大人、知らない子ども、知らない知識。

違いに触れることこそ未知に触れること。多様性を学ぶ最初の一歩です。

多様性は進化を生みますがトラブルも生みます。見た目も考え方も違うもの同士ですから、ある程度のトラブルは避けられませんが、そんなトラブルを複雑にしたり長引かせたり大きくしたりするものがあります。それは「評価」です。

評価は相手に対する「見定め」です。

自分から見て、あるいは自分が属する集団から見て、その対象が良いか悪いか、有益か無益か、有害か無害か、強いか弱いか、それが評価です。

現実世界でもネット世界でも、私たちは無意識に評価に振り回されます。相手をよく知りもしないのに、気がつくと相手を評価しています。自分は社会性も教養も常識もふんだんにあるのだと勘違いしているからです。

学校でも社会でも「もっと自信を持ちなさい、そうすれば評価は上がる」という声を聞きますが、自信を持とうと意識する必要はありません。

自信は最初から私たちの脳に組み込まれているからです。だから「自信を思い出す」必要はあります。

自信は生まれつき誰もが持っていますが、それを破壊するものがあります。それが他者からの評価です。どこがいいとか、どこが悪いとか、とにかく「生きていく上でどうでもいい他人の意見」が評価です。

面倒くさいですが、これも社会的生物の宿命です。悩みは尽きません。

そんな評価ですが、実は簡単に消し去ることができます。

それは「没頭する」こと、つまり中今になること。

運動、勉強、仕事、家事、趣味、奉仕、なんでも結構です。

没頭、夢中、無心になれば、時間を忘れ、他人の目を気にする暇がありません。

これは没我という状態で、没我は最も快感を得られる状態です。

仏教の世界では「三昧（サマディ）」などと言われます。一心不乱に集中した状況です。

この中今の状態を「自分に一致している」とも表現できます。

自分に一致すれば、評価なんて一瞬で吹き飛びます。

なにかに没頭すれば、
評価は見えなくなる。
自分の中にある「自信」を思い出す。

自分で変えられるのは自分だけ

今、評価の話をしましたが、社会に出ると誰もが評価に晒《さら》されます。高い評価をされるならストレスもトラブルも生まれませんが、こと評価に関しては「低さ」が意識されがちです。

部署や社内での評価が低い、近隣での評価が低い、仲間内（友だち内）での評価が低い、家族内（親族間）での評価が低い――、色々あるでしょう。

でも、忘れないでください。

誰もが必要だからこの世界に存在しているという事実を。これは真理です。なにかができなくても、必ず別のことができます。なにもできない人間はこの世にいません。誰かにとっては低い評価でも、別の誰かにとっては高い評価につながることがあります。人間が生まれながらに持つ多様性です。

したがって、どこかの誰かが下す評価を絶対的なものとする必要はありません。絶対的な良し悪しなど存在しません。

日々、一生懸命にこなしているにもかかわらず、所属先での評価が低いと嘆く人が大勢います。雇用されている人は毎日がストレスの連続です。

この場合の選択肢は二つしかありません。

① 仕事を継続する

② 辞めて転職する

そりゃそうだろうと苦笑されるかもしれませんが、シンプルに考えるとこの二つしかなくて、とくに前者を選んだ場合、

・評価を気にせずマイペースで仕事をする

・評価を上げてもらえるよう仕事のやり方を変える

どちらかのスタイルになります。**いずれをとるにせよ、まずは仕事を楽しいと思ってみてはいかがでしょう。**

先ほど「どこかの誰かが下す評価を絶対的なものとする必要はありません」と述べましたが、評価を気にせずマイペース（会社に不利益なマイペースはダメ）で仕事に取り組むと、評価は低いままかもしれませんがサマディ（三昧）や没我という状態になることがあり、本人としては楽しかったりします。楽しく続ける仕事の中から、部署や会社にとって必要な要素が生み出されることだってあります。

逆に評価されたいと思うのなら、やり方を変えればいいだけ。

そのやり方が反社会的な手段（道徳に反する手段、違法な手段）でなければとりあえずやってみればいい。なぜそう言うかというと、やることで技術（スキル）上の選択肢が増え、思考や行動の幅が広がるからです。

やり方を変えて業務効率や成績が上がったのに評価が低いままなら、おそらく業務以外の部分、つまりその大部分に人間関係の「好き嫌い」が作用していますので、様子を見ながら静かに転職の準備でもしましょう。その機会は頭で考えているときではなく、あるときふと気づくと思います。あなたにとってその会社を卒業するタイミングが来たのです。

「卵を一つのカゴに盛るな」

古来、そんな人生訓があります。資産運用では有名な言葉です。

評価や価値の基準を一つにまとめてしまうことは危険です。

リスクヘッジという言葉がありますが、リスク（危険）はできるだけヘッジ（回避）すること。仕事でモヤモヤするなら、そこ以外の場所に居場所を作る。居場所はいくつあってもいい。居場所が一つしかないのがリスクです。

知人づてですが、ネットのオークション（販売）が生きがいになっている主婦の話や、フィギュア製作で有名になった会社員の話を聞きました。主婦は家庭内が崩壊しかけていたときにオークションに出合い、会社員はリストラ対象になったときにフィギュア製作に出合ったそうです。本人たちは楽しんで打ち込めることが見つかり、良い意味ですっかり人が変わったそうです。

周囲は変わりません。自分以外の他者は変えられません。

変えられるのは、自分自身だけ。面白そうだなと思ったら、早めにやってみましょう。意外なことが自分に合っていたりします。

一つのところで評価されなくても、
それを絶対だと思わない。

SNSでも「合わない人」とは関わらない

今や大勢が普通に使っているSNS（ソーシャル・ネットワーキング・サービス）は便利なサービスです。その一方、誰もがSNSを使うようになったことで私たちの間にある「違い」が異様にクローズアップされているように感じます。

それも、わざわざ注目するまでもないことばかり。

著名人がなにを言ったとか、誰それの年収が高いとか低いとか、職業別の勝者とか敗者というランク付けとか、嘘だか本当だかわからない噂話とか、SNSにはありとあらゆる「煽り」が存在します。

煽りは意識が他者に向いている状態です。つまり自分に一致していません。そういう人の発する「煽り」を見たり気にしたりするのが心地良くなければ、眺めるのをやめて、後述する方法で、そのネガティブな感情をその場で手放し浄化することです。私は「無駄の効用（無駄にも価値がある）」という言葉が好きですが、こういう心地良くないものは負の感情を手放す練習としての効用があると言えるかもしれません。

成功している人は許さない、とばかりに見知らぬ人物をネット上で攻撃することに楽しみを見いだす人も、いかがなものでしょう。人生という限られた貴重な時間を自分に向けて楽しんではいかがでしょう。私もSNSを利用しますが、

「心地良いもの、参加したい場所、交流したい人」

この三つの条件を徹底しています。合わない人とは交流しません。リアルな集団だとそういう人をすべて避けるのが難しいですが、SNSでは避けられます。

合わないというのは「自分のエネルギーに合わない」という意味です。初見だとよくわからないことも多いですが、文章などを少し読めば、合う・合わないがわかります。合わないと思えば最後まで読まず、二度と反応しません。そこでの感性は「直感」が主役。心の健康を守るために、直感を鈍らせないようにしましょう。

SNSで、
合わない人とつながるのは
人生の無駄遣い。

反論せず「いいね」をそっと押す

他人は変えられません。どうこうできません。どうこうする必要もありません。私たちがやるべきは自分を良い方向に変えること。それだけです。

つい先日、友人に言われたことがあります。

「矢作さんはSNSで炎上しませんね。なぜですかね？」

意見を書かないからでしょうと答えると、妙に納得されていました。

全く書かないわけではありませんが、なるだけ書かないようにしています。とくにフェイスブックやツイッターには「自分と違う意見」を攻撃する人であふれています。そういう人は火をつける先を常に探しています。

彼らは炎上させた先が弱火になると、次の火つけ先を探します。

まさに意地が悪い人々。そういう人に関わる必要はありません。時間の無駄です。他人を変えることはできないし、自分の意地まで悪くなります。

意見を書かなくてもフェイスブックのアカウント（タイムライン）に批判を書かれることがあります。それは著者の宿命だと仲間からは言われますが、やはりいい気はしません。

そういうときは反論せず、コメントを書き込む欄の下にある「いいね」ボタンをそっと押します。**私とは相容れませんが、意見は承りましたという意味です。**

相手が呆れるのか怒るのか失笑するのか、それはその人の自由。他人に嚙みつく権利があるのだから、相手にしない権利も平等に存在します。

他人が気になる、他人に腹が立つのは、自分に一致していないから。没頭する、夢中になる、そういうものがないから。わからない、知らないからだと思います。

この世界にはわからないことが山ほどあり、わからなくてもいいということに気づけば、心は一気に楽になります。それが、多様性を認めるということ。

違いは否定せず。ただ、そうなのかと、あるがまま受け取ればいいだけです。

意地悪な攻撃をしてくる人には、

「相手にしない」

という選択肢がある。

嫌な気持ちは押し殺さない

それでも嫌な目に遭ったら、なにかに嫌な感情を抱いたら、早めに「自分の体の外」へと押し出すこと。

感情をコントロールするのは難しい話です。

第一章の冒頭で述べましたが、人間は想像以上に複雑な生き物で、私たちの中には常に多様な感情が交錯しています。嬉しいとか楽しいという感情にさえ、無意識下で不安や恐怖などのネガティブな要素を持つ感情が入り交じっています。

悲しみや苦しみといった感情はもっと複雑です。だからそれらを自分の中でなんとかコントロールしようとするのは難しいものです。

押し殺すのが一番からだに悪いです。そもそも押し殺せません。やろうとすればするほど心に負荷がかかり潰れそうになります。医療で言うところの内攻です。

では、どうするか。

多くの識者が著書でご自分のやり方を説いていますので参考にしていただくとして、ここでは私個人のやり方を説明します。

私は心地良くない感情が自分の中に生まれたなと自覚したら、その感情を一つの塊にして自分の外に排出するイメージングをしています。

イメージングというのは心になにかを思い描くこと。

この場合は自分の中にある嫌な感情や、なにか手放したい感情を具体的なイメージにし、それを一つの塊にして外に出す作業です。

次に、その塊を粉々にします。それを上空へ、できるだけ天高く投げ、粉々になったものが天で浄化されたイメージを想像し、天から降ってきた粒を光のシャワーを浴びるかのように再び体へと取り込みます。最後に感謝の気持ちでゆっくり深呼吸して終了。これが病院勤務時代から続けている私のオリジナル浄化法です。

だまされたと思ってやってみてください。最初はできるような、できないような気分だと思いますが、繰り返してください。イラッとするたびにやってください。それも自覚したら早めにやること。繰り返し行なううちに嫌な感情自体が生まれにくくなります。自分自身で「気」にならなくなればしめたもの。

これは嫌なエネルギーを綺麗なエネルギーに変換する「リサイクル」です。**お間違いのないよう申しますが、嫌な感情を忘れる作業ではありません。外に押し出し、浄化して受け取るのです。**そのためにはイメージングが有効で、いつでもどこでも誰にでもできるし一円もかかりません。

イメージングでは注意点があります。

あいつのせいだ、あの会社のせいだ、世の中のせいだ——、つまり誰かのせいで自分がこうなってしまったと思わないこと。自分の人生が自分以外の誰かにコントロールされていると認めることになってしまうからです。

私たちは誰にもコントロールされていません。自分を律しているのは自分。すべての責任は自分にあります。

自分を動かす権利は自分にしかないのです。

自分以外のものに、
自分の感情も人生も
支配させない。

なにが起きても「そういうものだ」

誰かのせいでこうなってしまったという意識は厄介です。

思いたくなる気持ちは理解できます。

誰かの、なにかのせいにできれば、救われたような気持ちになれるし、誰かを攻撃する正当な権利を得た気持ちにもなれます。つまり自分が善で、誰かが悪。

駅に着いたときに、電車の遅れに遭遇したとします。さらに運行が全面的に見合わせ（運行停止）となると、人の本質が露呈します。

「ああ、メチャクチャ運が悪い。鉄道会社はなってない」

そう怒りまくる人もいるでしょう。駅員に詰め寄ったり怒鳴ったりして鬱憤を晴らし、イライラしながらバスやタクシーに乗ろうとする人は大勢います。

天候不良、人身事故、病人救護、多客、踏切や線路への侵入、電気系統のトラブル、信号機故障、安全点検など、鉄道の通常ダイヤが乱れる原因はいくつもあります。でもこれはしかたないこと。無視して定刻通りに走らせようとするとさらに大きなトラブルにつながります。

逆に「まあ、しかたないか。じゃあご飯でも食べようかな」と近くの飲食店に入る人もいるでしょう。食べているうちに運行状況が回復しますので、後は乗って帰るだけ。こちらのほうが気分は楽です。

だから「武士道」をお勧めします。論理と直感の間にあるのが武士道です。**なにかが起こるかもしれないと予測して準備する、覚悟を決める、そしてなにがあっても慌てないという心のあり方、それが武士道です。**

武士の時代じゃありませんが、私たちも武士道を活かすことができます。なにかが起きたら「そういうものだ」と受け入れ、現実的に対処する。

日常はいつも同じではない（諸行無常）。なにか起きるかもしれない。でも起きたらそこで対処すればいい。心も体も柔らかく、しなやかにしましょう。

誰かのせいにして
怒ってもしょうがない。
思い通りでないことも、
受け入れて現実を見る。

すべて「どうでもいい」に行き着く

ここで、ちょっとおさらいしましょう。

・わからないことだけど、まあいいや
・評価に執着しない
・没頭する、夢中になる（中今）
・居場所は複数持つ
・嚙みつく人には反論せず
・嫌な感情は体から押し出す
・武士道の心構えで

さて。これらを行なうと、どうなるか。

そうです。

すべてが「どうでもいい」という境地になります。

ネガティブな意味ではありません。**ポジティブな意味での「どのようでもいい」という感情です。**とても寛容な気持ちが持続します。許せる、受け入れる、そんな言葉もありますが、もっとなにか「俯瞰している」ような状況です。

自分のこと（我が事）なのに、その自分をまるで斜め上のほうから見ているような、不思議な感覚。これが俯瞰している状況です。

数々の言葉を遺してこの世を去った母でしたが、一番の名言は、

「どっちでもいいじゃない」

でした。

子どもの頃は意味がわかりませんでした。しかし自分が社会に出て様々なことを経験すると、その言葉の重要性が腑に落ちました。

先ほど「すべてがどのようでもいいという境地」と述べましたが、それは間違い

なく「どっちでもいいじゃない」という母の言葉に影響されています。

小学生時代の話で恐縮ですが、当時住んでいた借家で使っていた井戸の件で隣家のご主人が母に怒鳴り散らしたことがありました。借家の井戸が壊れてしまい、隣家の奥さんが「うちの井戸を自由に使って」とおっしゃってくれたのですが、それがご主人に伝わっていなかったみたいで、水をくんでいた母の所に飛んでいき「うちの井戸を勝手に使うな！」と怒鳴り散らしたのです。

様子を見ていた私は急いでそこへ行き「おばちゃんが使っていいって言ったんだよ」まさにそう言おうとした瞬間、母の顔を見て言葉が引っ込みました。

そのときの母は目の前で怒鳴り散らすご主人がまるでそこに存在しないかのような表情でした。全くの別世界にいるような状態です。

工学系の用語で言えば、可変抵抗がゼロの状態。母は否定も肯定もしません。困った顔でも怒った顔でもない。まさに究極の無視を目撃しました。

井戸利用の件は奥さんに許可をいただいており問題ありません。そこは隣人夫婦のコミュニケーションの問題です。母は自分に関係ないことについて釈明も反撃もせず、言い訳する時間を割くくらいなら水をくんでやるべきことをやるだけと考えたのでしょう。言い訳しても丸く収まるとは限りません。

帰宅後も母はそのことについて家族にひと言も話しませんでした。

どうでもいい。

どっちでもいい。

ネガティブに感じられがちな言葉ですが、深い意味があります。

事前に心の準備ができると、どんな状況に遭遇しても「どうでもいい」「どっちでもいい」と考えられるようになります。自分と相手の違いなんて、本当にどうでもいい、どっちでもいい、そう思えるようになります。

実はこれが、どちらもいい、どっちもいい、という多様性につながるのです。

「どっちでもいい」という言葉を、ポジティブに使う。

第四章

「今いる自分」へありがとう

みんな「奇跡の人」である

普段はあまり使わない言葉の一つに「奇跡」があると思いますが、実は私たち全員が「奇跡の連鎖」で生きています。全員、まさに「奇跡の人」です。

本書の「はじめに」で述べたように、私たちは全員、受精という段階で一等賞を取っています。**自分にはなんの才能もないとこぼす人も、この世にオギャーと生まれる前に優勝を経験しています。**それを思い出してください。

幼少時に亡くなりもせず、病気や事故や災害や事件で亡くなりもせず、学校や会社や家庭では嫌な目やつらい目に遭ったかもしれない、もう死にたいと思ったこともあるかもしれない。でも、今こうして生きている。

その、今こうして生きているだけで、奇跡なのです。

そんなこと言われても前向きには思えないし、という方。

ちょっと息を止めてください。苦しいですか？　あ、意外と大丈夫ですか？

じゃあしばらく――、そうですね、三〇分ほど息を止めてみましょうか。

冗談です。間違いなく死にますから挑戦しないでください。

さて、わかっていただけたでしょうか。自分が生きている（生きていられる）ということは、二つの機能が作用しているからだという事実を。

一つ目は「呼吸」です。生体機能が正常だから息ができるのです。

二つ目は「環境」です。大気に酸素があるから息ができるのです。

この二つ、当たりまえの機能ではありません。

あなた自身が正常呼吸できるのは奇跡の連鎖（天文学的な要素の組み合わせ）の結果です。さらに酸素は大気中に二一％しか存在しません。大半は窒素（七八％）です。残りは二酸化炭素など。仮に酸素濃度がもっと低ければ、人間はこれほど生きていないだろうし、早期に絶滅していたかもしれません。

やはり奇跡だな、と感じます。

今、呼吸できていることが
実は奇跡。

感謝リストを作る

ここで「感謝リスト」の作成を提案させてください。

とくに難しい作業はありません。

いくつかの項目（本で言えば章みたいなもの）を立て、自分がいかに守られてきたか、助けられてきたか、いかに感謝しているかを自由に書いていくだけ。

私の場合はまず、

①**自分**

②**家族**

③**ふるさと（故郷）**

この三つが挙がります。

なによりも自分に対する感謝が一番です。

今という瞬間まで、本当に色々なことがあったけれど、なんとか踏ん張ってきた自分。生きてきた自分。自分という存在は最も感謝したい対象です。また、自分の体にも客観的に感謝しています。

家族にも感謝しています。父母がいなければ生まれていません。弟がいなければ学びの機会が減ったでしょう。

ふるさとにも感謝しています。

生まれた土地（故郷）も国も自分を育んでくれました。ありがたい環境です。ふるさとがあるから多くの思い出が生まれました。日本という国、それを守り継いできた先人たちにも感謝の念は自然にわいてきます。

どんな項目でも構いません。暇なときにやってみてください。感謝と同時に自分が生きてきた歴史の棚卸しにもなります。

今まで生きてきた
自分へのありがとうを
忘れない。

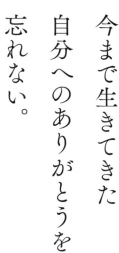

日常は当たりまえの連続じゃない

原子力発電所の大事故、堤防決壊に伴う大水害、橋脚の瓦解、道路の陥没、上下水道管の破裂、電柱や鉄塔の倒壊、崖崩れ――。

気象変動が激しさを増す近年、地震や大雨や大雪などの自然災害によって、人間が作り上げた人工物が次々と壊れ始めています。

様々な災害で発生した被害の多くは「人災」とまで言われます。

たしかに完璧なものは作れないし、最近の災害は想定を上回ることが多いし、それを作った当時は崩壊するなんて夢にも思わないでしょう。しかし私たちの肉体に死が訪れるように、形あるものはいつか壊れる、それが定めです。

壊れた街のインフラを修繕するのは政府・自治体のお役目ですが、私たち庶民にも大事なお役目があります。なんだと思いますか。

それは「日常は当たりまえの連続ではない」という覚悟です。

災害が起きるたびに生きている人間はこの覚悟を試されます。何度も試されます。

いかに身を守れるか、その準備があるかないかを、天に試されます。

同時に、感謝の気持ちも試されます。生かされていることへの感謝です。

なにか災害が起きたとき、遠く離れた場所のことだから自分には関係ないと高をくくる人がいるかもしれません。しかし無関係ではありません。

世界は巨大なエネルギーでつながっています。距離など、関係なし。

どこかで起きたエネルギーのひずみは世界のあらゆる場所へ伝わります。地震が地球の地下にあるプレートを伝ってあちこちで起きるのと同じ原理です。

そのためにも普段から「祈る」こと。祈りは優しくて強いエネルギーです。

自分にも家族にも友人にも日本にも世界にも「ありがとうございます」と祈る。

祈り合うことで、おたがいさま、おかげさま、という心が生まれます。

すべての災害を防ぐのは困難でも、心の助け合いはできます。

災害を防げなくても、
おたがい助け合うことはできる。

安いから買うという考え方で本当にいいか

買い物をする際に、安いから買うという意識ではなく、多少高くてもいい物を買うという意識に変えると、地球に貢献できます。**地球環境への感謝です。**

安い商品は財布に優しいと言われますが、ちょっと考えてみてください。安い商品のほとんどは大量生産です。ということは売れ残りの在庫（返品含む）も相当な数でしょう。結果的に大量の廃棄処分となります。たしかに自分の財布には優しいですが、それがグルグルと回り回って自然破壊や資源の枯渇や環境の改変へとつながり、地球には全く優しくない状況となります。

いわゆる環境に負荷をかけるプラゴミ（プラスチックのゴミ）問題では「プラスチックのストローをやめよう」という動きが世界的な潮流です。

ただし、水を差すようで申し訳ないのですが、世界中でプラスチックのストローをやめたところで全体には影響がない（好転が見られない）のも事実。

本気でプラスチック問題を解決しようと思えば、飲食店やスーパーやコンビニの店頭に並ぶ食品などを包装したプラスチックから、ホームセンターや家電量販店などに並ぶ商品に至るまで、この世のありとあらゆる空間に存在するプラスチック製品をなくさないといけません。でもそれはちょっと無理だと考えた結果、とりあえずストローでとなったのではないでしょうか。

つまりストローは「スケープゴート（生贄《いけにえ》の羊）」みたいなもの。

世界のどこでも目につく存在だから、やり玉にあげられたのでしょう。

皮肉な言い方をすれば、ストローの製造者は「責めても反撃しないだろう」とか「反撃するほど強い業界ではない」と見積もられたのかもしれません。

そんなストロー騒動からも学べます。つまり「私たちの生活にプラスチックは欠かせない存在と化している」という事実の再認識です。環境問題は決して感情的にならず、多くの事実と異なる視点を交えて冷静に考えることが大切です。

消費者として、
意志を持った買い方をする。

電車で行ける場所には飛行機で行かない

交通手段についても、地球に貢献（感謝）できます。

私は電車で行ける場所にはなるべく飛行機では行かないようにしています。

鉄道マニアだからそうしているのだろう。もしかしたらそう思われるかもしれませんが、そうではなくて環境に与える負荷が小さいからです。

断わっておきますが、飛行機を否定するわけじゃありません。

ヨーロッパでは「飛び恥」という言葉が注目されているそうです。

これは「飛行機を使う人は恥ずかしい」という意味だそうで、まさに飛行機や航空業界を否定する言葉ですが、こんなふうに誰か悪者をこしらえて大勢で攻撃するような流れにも違和感があります。

要するに、程度の問題です。

状況次第で柔軟に使い分ければいいのではないかと思います。どこに行くにも飛行機じゃないとダメ、電車じゃないとダメ、そういうことではないと思います。

こういう話をすると、かかる時間や費用などを並べて「そんな悠長なこと言っていられるか」と怒る方もいらっしゃいます。

とくにビジネスマンはタイム・イズ・マネー（時は金なり）で動いている向きが強く、少しでも時間短縮できるなら、そっちがいいのだと考えがちです。

たしかに時間コスト意識は大事です。

でも本当に、すべての用事が急を要する内容ですか。

すべての用事が相手と直接対面しないと難しい内容でしょうか。

今は通信回線が発達し、テレビ会議が普通に行なわれます。自社の離れた営業拠点や取引先とも瞬時につながります。大企業だけでなく中小企業でも採用が増えています。移動に伴うコストが大きく短縮できるからです。

大型の機器を使わなくても、スマホやタブレットやノートパソコンなど情報端末があれば、相手と動画で普通に対話できます。動画もソフトやアプリをインストールすれば、無料で使用できます。とても便利な時代です。

本当に急がねばならないときは飛行機で行くとして、それ以外は新幹線や在来線で行けばいいし、絶対に対面しないといけないようなこと以外は、そもそも移動する必要すらないのでは。非難を承知の上で、あえてそう申し上げます。

少しずつでいいので、心に余裕を作ってはいかがでしょう。

心の余裕は、時間を気にしないところから生まれます。

ちょっとそこまで行くのに必ず自動車に乗るという方も多いでしょう。ガソリンで走る自動車がどれだけ環境に負荷をかけているかは、私が今さらここで書くまでもありません。

自動車より自転車。さらに徒歩。時間は自分で工夫して作る。

無料で健康増進につなげられます。

すべてに対して
「最速で」と思わなければ、
心の余裕が生まれる。

なにを食べるかで悩まない

食材、農家、料理者に「ありがとうございます。いただきます」と感謝し、今日も自分を生かしてくれたお天道さまに感謝する。

これは食事の礼儀であり、健やかに生きるための作法です。

食材についても命をいただく（いただきますという言葉の語源）わけですから、どうか私の中で生きてくださいと心で祈っています。

野菜、穀類、果物、発酵食品などは、毎日のように摂取しています。

ちょっと追加すると、私は白米ではなく酵素玄米を食べています。白糖（つまり白砂糖）はあまり使いません。豆腐、卵、パンは、ほどほどに食します。お酒は一切飲みませんし、糖質制限もしません。なるだけ旬の食材を食べるようにし、加工されたものではなく自然な状態の食材を楽しんでいます。

そのあたりについては、拙著『長生きにこだわらない』（文響社刊）で食事メニューも含めて詳述しています（良ければご一読ください）。

そもそも肉食をしません。以前は普通に食べていましたが、ある日を境に一切やめました。肉食をやめたからといって不都合は全くありません。とくに体重の増減などもなく、筋肉が減るようなこともありません。

「肉食をやめてどうでした？　どんな変化がありましたか」

講演会でそんな質問も受けたりしますが、一番は「○○を食べないといけない」という心理面でのプレッシャー（内面圧力）が消えたことでしょうか。

豚も牛も鳥も一切食べないので、料理をするときにあれを入れないといけないとか、あれも食べたほうがいいとか、考えることがなくなりました。**食べ物に関してストレスが消えたというか、考えることが一切なくなったということです。**

だからといって、皆さんに勧めることはしません。人にはそれぞれ、食の好みがあります。肉を食べないのはあくまでも私の勝手です。

人間、食べたい物を食べるのが一番です。自分の好きな物を、適度に（バランス良く）感謝して食べることこそ醍醐味です。

したがって皆さんに、ああしろ、こうしろ、とは言いません。肉食なんてやめなさいとも言いませんが、一つだけお知らせしたいことがあります。

それは「水」に関する話です。

東京大学未来ビジョン研究センターの沖大幹教授らの研究によると、牛肉一〇〇グラムを作るために必要な水は約二〇〇〇リットルだそうです。

単位を変換すると、二トン。たった一〇〇グラムの牛肉を生産するのに水が二トンも必要という話には驚きます。なぜそんな数字になるのでしょうか。

理由は、牛が食べる穀物を生産する際に大量の水が必要だから。豚肉や鳥肉も牛肉ほどではありませんが、商品化されるまでに大量の水が必要です。

気候変動で近い将来に起こると言われる水資源の枯渇問題。この問題が世界中で議論されているという事実は、どうか頭の隅にでも置いてください。

食べ物と地球に感謝しながら、
自分が食べたいものを食べる。

食べ方は、世間でなく自分の体が決める

食について、もう少しだけお話しをさせてください。近年、「糖質制限」の論拠になっている高血糖が体に及ぼす悪影響から、食後なるべく血糖値が上がりにくくする方法が提唱されています。

①食材は焼くよりは煮る、さらに煮るよりは生（生食）
②繊維質の多い食材から先に食べる
③精白されていない物を食べる（白砂糖、白米など白い物を避ける）

できるだけ素材の自然な形を楽しみつつ、血糖値上昇の抑制も頭に入れて食べています。これが私自身の「自然界と自分の体」への感謝です。

様々な雑誌や書籍やネットで「これを摂取しろ」とか「これを毎日食べると○○

が治る」などという情報が錯綜していますが、そういう情報は、ほどほどに受け取りつつ適当に流すこと。気になるかもしれませんが、まるで神様にでもすがるように依存しないこと。一つの視点に立った情報が大半ですから全体の中でのバランスを忘れないようにしたいものです。

そもそも人間の体質は同じではありません。均質ではないので、誰かにとって良い物でも、別の誰かにとっては悪い物として作用します。人間は複雑です。

体質面で乳製品を受け付けない（アレルギーを持つ）人に、牛乳やヨーグルトは健康にいいから摂取しろと勧めるわけにはいきません。これは体質面でアルコールを受け付けない人にお酒を飲ませるのと同じです。

一番大切なのは自分の「体の声」を聞くこと。他人の声じゃありません。

食べたり飲んだりして違和感があれば「体が嫌がっている」証拠です。世間の情報に踊らされないこと。他人と比べないこと。他人を意識しないこと。食べたくないときは無理して食べないこと。食べたいときは適度に食べること。

食事への感謝と同じく、自分の体にも感謝して食べましょう。

「これを食べろ」

「これは食べるな」

他人の声に振り回されない。

「なんでも使い捨て」で本当にいいのか

先述したプラスチックの件とも関連しますが、いわゆるディスポーザブル（使い捨て）という行動もたまには見返しましょう。

使い捨てには、いくつかのメリットがあります。

生産する側から見た一番のメリットはリピート（繰り返し）購入でしょうか。何度も何度も買ってくれることで企業は売り上げが安定します。

購入する側にもメリットがあります。それは「見た目」と「機能面」と「衛生面」が向上するという点。生活用品なら、そこに「お値打ち感」が追加されます。

一〇〇均（一〇〇円ショップ）が国内外で大繁盛しているのは、社会全体で使い捨てという行為が定着した結果です。最近はヨーロッパから日本に旅行に来た観光客が真っ先に一〇〇均に行きたがるそうです。時代も変わりましたね。

私がかつて籍を置いた医療業界でも使い捨ては常態化しています。

昔の医療業界は、施設によってたとえ針一本や様々なチューブ類でも洗浄、滅菌して再利用していましたが、そこに米国式の手法が入って来ました。医療先進国の米国では、針だけでなく様々な治療で使用される器具がワンパッケージ化され、治療が終了すると、そのパッケージを廃棄します。メリットは衛生面とコスト面にあります。感染防止という衛生面でのメリットが大きく、さらに消毒や滅菌など再利用のための手間暇（諸経費）をカットするコスト面でのメリットもあるのです。我が国でも現在は環境省が定める「廃棄物処理法に基づく感染性廃棄物処理マニュアル」に基づき、厳重管理された上で医療廃棄物として処理されます。

使い捨ては人間の都合であり地球の都合ではありません。しかしすべての使い捨てを一気にやめるのも現実離れしています。私たちがやるべきは、使い捨てる物の優先順位を決め、極力使い捨てないよう知恵を絞ること。地球環境への負荷を減らせれば（環境に感謝できれば）回り回って自分への負荷を減らせます。

その使い捨ては本当に必要か、
一度見直す。

日常の動作、ひとつひとつを声に出す

医療業界の話をしましたが、この世界には昔から「医療ミス」の問題がついて回ります。たまに大事件として報じられることもあります。手術ミス、患者の取り違え、誤投薬、管理不行き届き、その大半は「行為による過失」です。

医師や看護師や専門技師など、特別な勉強や訓練を長い時間をかけて受けてきた医療スタッフは、間違いなくスペシャリストです。

でもスペシャリストである前に、生身の人間でもある。

さて、ここで質問です。人間がなにかをしくじるとき（失敗するとき）というのは、どんな状況が多いのでしょうか。皆さんも経験があると思いますが。

答えは「集中力が欠けたとき」です。

医療現場で起こる様々なミスも、それと全く同じです。専門性は持っていても、スタッフの集中力が欠けたときに様々なミスが生じやすくなります。

なぜ、集中力が欠けるのでしょうか。それは「無意識（習慣、ルーティン）」でやろうとするから。ルーティンとは、決まった所作という意味です。

集中力の欠けた行動の背景には、病院側のミス（スタッフへの無謀なシフトなど）もあるし、スタッフ側のミス（自己管理の低下など）もあります。

ではミスを防ぐには、集中力を戻すにはどうしたらいいのか。

そのためには「無意識の有意識化」が必要です。つまり意識を「無から有」へと戻すこと、要するに「ルーティンや習慣としてやらない」こと。

一人でなにかを点検（チェック）するとします。何度もやっていると慣れてしまって習慣化されるし、習慣化はミスを生みます。二人でダブルチェックすれば大丈夫と思うかもしれませんが、二人ともその行為に対して習慣化すれば同じこと。

皮肉な話ですが、ダブルチェックなど多重チェックほど実はミスが多いというデータもあります。その原因は自分一人じゃないという安心感があるからです。

あるいはなにかをしていたところ、話しかけられたりして中断した後も要注意です。

無意識の行動や習慣化を崩すためには「自分は今なにをやっているか」をはっきりと自覚すること。無意識に頼らないこと。そこに尽きます。

今チェックしている。今歩いている。今食べている。今見ている。今階段を登っている。今嗅いでいる。今話している。今聞いている。今歯を磨いている。

今この瞬間を感じ、今を大切にする。今に意識を集中する。

私が口癖のように話している「中今」（今この瞬間を大事にする、今ここに意識がある、という考え方）こそ、無意識の有意識化を実現する要素なのです。

働く環境（あるいは居住する環境）に問題がなければ、医療のミスも仕事のミスも家事のミスも、中今という姿勢である程度は防げることと思います。

無意識の有意識化は、言い換えると「自分の中心に戻る（自分に一致する）」ということ。これこそ集中力の真髄であり、没頭することの本質です。

そう言われても、ちょっとよくわからないという方がいらっしゃるでしょう。そういう方は、お茶を飲んでいるときに次の行為を行なってみてください。

「湯飲みにお茶を注ぐ、無事注げて感謝。湯飲みを持ち上げる、無事持ち上げられて感謝。湯飲みを口に近づけてお茶を飲む、おいしい、ホッとする、感謝。静かに湯飲みを置く、ありがとう、感謝」

このように一つひとつの行動ごとに意識を向け感謝を数え上げていきます。

今いる空間に自分一人なら羞恥心もないでしょうから、小声でいいので一つひとつの行為を口に出してみてください。これはお茶を飲むという行動を有意識化したものですが、数学で言えば「茶飲みの因数分解」みたいなものです。

子どもは自らの行為や行動を口に出すことが頻繁にありますが、これは「自分は今そのこと（行為）に集中している」という確認行動の一環です。自分の意思や行動などの確認がとれると、人は最も安心できるのです。

お茶を飲むときだけでなく一日の様々な場面でやるうちに自分が今なにをやっているのか、今どんな行動を取っているのかが明確になります。動作に不安がある高齢の方などは生活行動の全般に応用できます。

なお、口に出す行為に慣れてしまうと、やる意味がなくなります。徐々に口に出さないようにして、行動や行為を「心で意識して」行なってください。

慣れてしまって無意識に行なわないこと。

当たりまえという意識を持たないこと。

すべてに感謝すること。感謝が伴えば有意識化は自然と強まります。

動作の因数分解をすると、
当たりまえがなくなる。

想像力があれば文句は出てこない

最近、クレーマーについてのニュースがやたらと増えました。

クレーマーは社会のあちこちに存在する「名もなき一般市民」ですが、なにかがあって自分の中でポンと弾けた瞬間、強烈な「要求者」へと変貌します。

金銭や物品が目的の連中もいますが、謝罪（土下座、謝罪文など）を要求する人が意外と多いようです。「自分が正義、相手は悪」ということを証明するのが目的で、金銭や物品はその次という位置づけです。歪んだ正義感の持ち主と対峙するのは本当に心が折れることと思います。

とくに宅配便に関するクレームは年々増えています。

私も様々な荷物を宅配便で受け取りますが、運送業界に勤務する方々には本当に頭が下がります。ありがたいし、いつも感謝しかありません。

しかし宅配便の配送を巡って日々バトルが起きているようです。

中でも「時間」に関するクレーム。午後六時〜八時に到着指定したのに時間通りに来ない、午前中指定にしたのにお昼を過ぎた、色々あるでしょう。せっかく指定したのに予定が狂ったと複雑な気持ちになるのも理解できます。

でも、ちょっと想像してみてください。

宅配の仕事って大変そうだなあって、思いませんか。

私たちは自由に時間指定ができます。膨大な数の指定に従い、ミスのないように漏れのないように、彼らは大量の荷物を迅速に配ります。片手で持てるような軽い品だけじゃありません。重い荷物、大きな荷物、壊れ物もあります。私たちが自宅や会社でお昼ご飯を食べているとき、食後にお茶でも飲んで談笑しているときに、宅配業の方々の多くは、車中でパンやおにぎりやお弁当をかき込んでいます。

近年は正社員ではなく運送会社から業務委託された自営業の方が宅配業を営んでいるケースも増えました。彼らは給料ではなく歩合制です。一分一秒でも早く、そして多く配らないと収入が成り立ちません。私の知人は「ある運送会社から委託された地域宅配業者はいつも指定時間より一時間早い」と笑っていましたが、こうした背景には様々な事情があります。

だからといって、いつも時間通りに届かなくていいとは言いません。そこは仕事ですから無理のない範囲でやっていただきたいのですが、時間という尺度でギチギチに縛るのは、あまりにも情がないと感じるわけです。

加えて宅配業界を悩ませているのが「不在連絡票」です。

運送業者や通販会社の一部で「置き配指定（玄関先に置くとかガスメーターに入れるなどの指定）」が始まりましたが、まだ不在連絡票が圧倒的に多く、すると宅配の方々は再度訪れなければなりません。この手間をなんとかできないかと検討し、宅配ボックスや置き配指定などがスタートしたわけです。

ほんの少しで結構です。

相手の立場で考えてみませんか。この場合は宅配業の方々の立場です。

仕事だからちゃんとやれ、指定時間を死守しろ、そう言うのは自由です。

でも、私たちの多くが「大変だなあ」と思う作業をやってくれている——、ほんの少しだけ、そう考えることはできませんか。

相手の立場を考える。それは「相手を知る」ことです。

相手を知るためには相手のことを想像すればいい。自分ならどうするか。どんな気持ちになるか。どういう大変さがあるか。「その職業は選ばないから」という逃げではなく、選んだ自分を想像してください。

宅配される荷物の総数は一年間で四二億個を超えます（二〇一七年度、国土交通省発表）。増加する一方です。私たちが「便利な時代だなあ」と感じる影には、その便利さを必死に支える人々がいます。

時間通りに届いて当たりまえ、ではありません。

届けてくれてありがとう、なのです。

相手の立場を考えれば
文句は出てこない。

大変なときは、「お互いさま」

相手のことを想像できれば、他者に対して確実に優しくなれます。

自分も大変だけど、あの人も大変、お互いさま——、自然とそう思うことができれば、イライラする機会が減り、逆に感謝する機会が増えます。

これが、心に余裕が生まれる瞬間です。

そのためには自分を「客観視（第三者の目で見る）」すること。折に触れて、自分自身を俯瞰してみること。

一見すると、先述した「中今」と相反するように思えますが、自分が夢中・無心になること、自分を俯瞰すること、この二つはどちらもバランス感覚を養う上で、不可欠な姿勢なのです。

つまり、なにかに夢中になることも必要であり、自分ってどうなのだろうかと客観視することも必要、ということです。どちらかだけ、という状態はバランスに欠けますし、なによりもコミュニケーションに支障をきたします。

夢中になることは案外すぐにできますが、自分を客観視することの方が難しいかもしれません。

ちょっと魂を離脱する感じで、斜め上から自分を眺めてみてください。

いかがですか。

どんなふうに見えますか。完璧で素晴らしい人でしょうか。

そんな人間はこの世にいません。完璧を目指す方はいますが、完全無欠の人間はいません（目指す方には失礼な言い方ですが）。

誰もが完全な人間になれない以上、ではどうするか。

答えは一つ。あきらめること（諦念）。

あきらめるとは、明らかに見極めること。臨機応変ともつながります。

会社に遅刻しそうなとき、クライアントへの大事なプレゼンに行く途中、パートナーとのデートに急ぐ中、道端でしゃがみ込んで苦しそうな人が目に飛び込んできました。さて、どうしますか。

「そんなの、大丈夫ですかって駆け寄るに決まっているでしょう！」

そう即答される方は、この先を飛ばして読んでいただいて構いませんが、意外と多くの方が、ちょっと躊躇するのではないでしょうか。

自分は急いでいます。その人も苦しそうです。

「しゃがんでいるけど大丈夫だろう、ちょっと休んでいるだけだろう」

「誰か他の人が対応するのでは」

「駆け寄っても大丈夫ですからって言われたら嫌だし」

そういう考えが頭に浮かんでも不思議ではありません。路上でしゃがみ込んでいる人の横を大勢の人が普通に歩いて行く――、都会ではそんな光景（空気）が常態化していますので、声がけに躊躇する人を責めることはできません。

それでもやっぱり、たとえどんな対応をされようと「大丈夫ですか」と声をかけたいものです。おかげさまとお互いさまの気持ちは忘れたくありません。

そこで声をかけた優しさは、相手の立場を「想像した」結果です。同時に、会社に遅刻する、クライアントへのプレゼンに間に合わない、パートナーとのデートができない、そんな事態に遭遇する自分を客観視して「あきらめた」結果です。

会社やクライアントやパートナーにすごく怒られるかもしれません。ちゃんと理由を説明しても、許してもらえないかもしれません。この世に完璧な人間などいませんから、その状況をどう説明しても理解してもらえないかもしれません。

しかし、完璧な人間などいないからこそ、声をかけて助けようとした人は責められるべきではないのです。

もっと時間に余裕を持たせて動けとか、スケジュール管理がダメとか、責める側にはそれなりの理屈があると思いますが、早めに外出したとしても、やっぱりしゃがみ込んでいる人がいて、声をかけ、もし救急車を呼ぶような事態になれば、時間に余裕を持たせろという説教自体が吹き飛びます。

自分を俯瞰する。完璧はないと知る。あきらめる。臨機応変。

当たりまえの連続ではない日常で大事なこと、それは感謝を伴う想像力です。

誰だって完璧にはなれない。
自分を客観視して、
ある程度は「あきらめる」。

「義理」のために自分に嘘をつかない

私は気の向かない予定は入れないよう心掛けています。

たとえ報酬を伴う仕事だろうと、長いお付き合いのある友人関係だろうと、そのときに、なんとなく「うーん」と感じたらお断わりするようにしています。

迷ったら断わる。ポリシーです。

なかなかできないと言う方も多いでしょう。

しかし、なんでもそうですが「義理」で行動すると、自分の中のストレスがどんどん巨大化します。後々、後悔するようなことにもつながります。

義理とは、世の道理。道理とは、あるべき筋道。

つまり義理は「世の中を渡る上であるべき姿（筋道）」と解釈されますが、そも

そも人生が各自で違うように、あるべき姿（筋道）も一つではないはず。

それに、義理は「真理」とは違います。それを、あるべき姿はたった一つだと思い込み、自分に嘘をついて行動してしまう。

これが、義理の正体です。

「自分に一致する。自分の本質に戻る。欲しないことはしない」

このスタイルに転換すること。

会いたいと思わない人、参加したくないグループ、出かけたくない場所。義理という歪んだ感情を優先させてしまうと、体内にストレスが溜まり、いつまでも自分に一致できません。

飲み会だって無理に参加する必要なし。行きたいものだけ参加すればいいじゃないですか。もう自分を偽るのをやめませんか。ストレスまみれになります。

そもそも義理で参加することは失礼です。自分も嫌ですが、そんな気持ちで参加されている相手も嫌な思いをするでしょう。エネルギーというのは伝わります。

個人的な話になりますが、かつて友人を介して色々なお願いごとをされるときは厄介だなあと感じることもありました。

勤務医だった時代は、迷った末に受けたことが結構ありましたが、最近は明確にお断わりしています。宮仕えから解放されてフリーになり、私自身がようやく自分に一致できるようになりました。

「なかなか優先順位がつきません。お役に立てず申しわけない」

そうお断わりします。本音です。相手がどう思っているかは別にして相手のお役には立てないなと判断できるからです。

断る勇気、断る力。これは自分に一致して生きる上で重要です。

「力不足ですみません」

このフレーズなら角は立ちません。自分に非があるように見せる。相手に非があるような見せ方は作法に反します。誰も傷つけないこと。さらに依頼や相談をしてくれた人に感謝する。結果としてはお断わりしますが、彼らともエネルギー世界でつながっています。見えない世界での無用な混乱を起こさないこと。

見えている部分だけが、ご縁ではないのです。

断わる勇気を持つ。
自分に嘘をつかず、
本音で生きる。

「楽しい」と自分に思わせる

最近、著名な自己啓発家（若手）らが「やりたいことだけやろう」と講演会や出版やSNSを通じて情報発信するのが目立ちます。

背景には、少子高齢化、所得格差の拡大（富裕と貧困の二極化）、長い景気低迷など、様々あるでしょう。高度経済成長やバブル景気を経験し、九〇年代不況を乗り越え、ようやくリタイヤした団塊世代の方々は、我が身を振り返り「けしからん！　我々が堪え忍んだ結果、今がある」と憤慨するでしょう。

しかし若い世代から見れば、多額の年金を受給し、資産や貯蓄も豊富で、毎日を悠々自適に過ごす彼らは「未来を壊した張本人」に映ります。年配者だって様々な苦労を強いられてきたという事実はクローズアップされません。

こうした「世代間乖離《かいり》」は、残念ながら言葉では埋まりません。

時間を戻すとか、上と下の世代で魂を入れ替えるとか、そういうことができればいいのですが、現実的に不可能です。年配者は若者の虚しさをくみ取ろうとせず、若者は年配者の苦労を知ろうとしない。

いつまでたっても互いが見えないから、年配者は口を開けば若者の批判、それを無視する若者は啓発家らの心地よい主張に飛びつくということのようです。

ネットでは、保険料なんて払わなくていいとか、税務署を欺く脱税の勧めとか、仕事をしないで稼ぐグレーな手段とか、人としてどうなのかと疑われるような提案が跋扈しています。

世代論は専門家に任せて仕事の話に特化すると、やりたいこと「を」やる、という点は賛成です。しかし、やりたいこと「だけ」やるのは、賛成しかねます。そこには感謝がなく、エゴしかありません。

第一章で、私は次のように述べました。

「責任感を自ら捨てさえしなければ、どこかのタイミングで人は必ず軌道に乗り、責任感は『達成感』へと変わります。転職もスムーズに行なえる時代です。どうしても感謝を持って楽しむことができなかったなら職場を変えればいい。まずはやるだけやってみること」

まずはやるだけやってみる。ここが大事。

気の進まない仕事でも、その職業なり会社を選んだ自分がいます。ポンポンと短期間で働く場所を変わるのは、それを選んだ自分をことごとく否定する行為。その姿勢ではいつまでも、自分への一致ができません。

だからまず、目の前の仕事を「ありがたい」と思って取り組んでみる。「楽しい」と自分に思わせてみる。仕事を「興味深い」と感じ、やるだけやってみる。

私は「中今も大事、自分を俯瞰することも大事」と先述しました。やるだけやってみるというのは、自分を俯瞰しながらも、中今という状態へと持って行く、いわば「意識のハイブリッド」です。

継続できれば自然と本当に感謝が生まれることと思います。人は余計な私心を持たなくなると意識が解放されます。心の自由はそこから始まるのです。

「私心」をなくしたほうが、
心は自由になる。

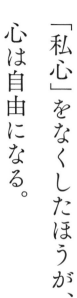

第五章

すべての答えは自分の中にある

直感を鈍らせるのは加齢ではなくストレス

ある会合で、こんな質問を受けました。

「年を取ると、直感って鈍るのでしょうか」

いい質問です。中高年になると気になりますね。

直感は人生の各所で重要な役割を果たします。私たちは知らず知らずのうちに、自らの直感に助けられていることが多いのです。

加齢と五感（視覚、嗅覚、味覚、聴覚、触覚）は、わりと関係あります。目測が外れる、ぶつかりやすくなる、耳が遠くなる、物を落としやすくなる、加齢で物理的な鈍化は起きます。平衡感覚の衰え、基礎的な運動機能の硬直化（筋力の衰え）が始まるので、ある程度は受け入れるしかありません。

よって年を取ると直感も鈍るのでは、と思われがちですね。

加齢で感覚が鈍っていく部分はありますが、それと比例して直感も鈍るわけではありません。若い人でも直感の鈍い人は大勢いるし、高齢者でも直感の冴えている人が大勢います。そこは個別の環境や経験値などが関係するでしょう。

個人的には加齢と直感に関係性はないと考えます。

むしろ年齢に関係なく中今から外れ、ストレス（不安、恐怖、寂しさ、怒り）が溜まることで直感が鈍ることはあるでしょう。置かれた状況にも影響を受けます。

働き過ぎる、頑張り過ぎると、直感が鈍る――。

そこは経験的にわかります。

たぶん頭（脳）を使い過ぎるのでしょう。パソコンやスマホで言えばハードディスクが熱くなった状態です。

少し頭を使わないようにすること。年を取ると無理しなくなりますが、頭を使おうとしないので実は直感も鈍りません。

リラックスしていると直感が冴えるのはそういうことでしょう。

直感が鈍ったと思ったら、
頭を休ませればいい。

ボケるとは、あるがままということ

ボケると嫌だという世間の声について、思うことがあります。

とくに中高年に多いですが、近い将来、自分がボケちゃうんじゃないかと心配する向きがあまりにも強いので驚きます。

そんなに嫌でしょうか。

私はそれほど嫌じゃなくて、むしろ楽になるのかなあくらいの感覚です。ボケたいと積極的には思いませんが、ボケたくないという恐怖感もありません。

「あるがまま、流れのまま」

これくらいの感覚で、ゆるゆると生きております。

ボケたくないという人には「日々を楽しんで」と提案しておきます。

自分自身に感謝、他人に感謝、誰かを助けて、ほんの小さなことでも世の中に貢献したいと思えれば、毎日が活性化し、楽しくなり、ボケる暇がありません。

毎日が楽しければ、加齢に伴う身体現象（機能上の劣化）も気になりません。

毎日が楽しければ、今自分がいくつなのか、どうでも良くなります。

まじめすぎると人生は楽しめません。

なにごとも許容できないと気を病みます。

人間関係で無理すると心が壊れます。

心から楽しむこと。楽しめるように生活スタイルも習慣も交流も変えてみる。

では、どう変えると心地良いのか？　その答えはすでに持っています。

自分の体の声、自分の心の声に、耳を澄ませてください。

あと、ボケた人をあれこれジャッジしないこと。

否定も肯定もなく、あるがまま。そういう状態として受け取る。家族は大変かもしれませんが、本人は楽しい世界で生きています。

ボケた人をあれこれジャッジしない。
自分の今の日々を楽しむ。

この世に「完璧」は存在しない

第四章の終盤で「完璧な人間なんてこの世にいない」と述べました。

そもそも完璧なら、この世に生まれ変わる必要（理由）なんてありません。どこか足りないから、なにかを学習する必要があるから、私たちはその都度、立場や条件を大きく変えて何度も転生しているわけです。

完璧を目指したい――、向上心の高い人はそう思うかもしれません。仕事、運動、家事、交流、趣味、なにかをやる際にそう思って取り組むと、夢中、無心になれます。

でもそれはあくまでも目標。目標として自分なりに取り組み、仮に達成できなくてもがっかりしない。残念と笑い飛ばせばいい。いつまでも執着しない。

「まじめすぎると人生は楽しめません」と先述しましたが、まじめな人や神経質な人ほど完璧にこだわり、結果として心を病んでしまうとか、自律神経が不調となるケースが多いのです。自己免疫疾患を発症する方も少なくありません。

医療には完璧という状況がありません。これは暗黙の了解です。

そもそも西洋医学は対症療法です。不調になってから医療機関で対応されます。対応としては診療ガイドライン等に沿って診断・治療が進められます。現状を把握分析した上で診断し、緊急度が高い場合を別として、患者さんの意向も加味し治療法を選択します。治療効果の予測は「確率論」です。つまり良くなるも悪くなるも「％という予測世界」です。

この確率の解釈が、ちょっとくせ者です。

例えば「あなたの五年後の生存確率は五〇％です」という診断結果が出たら、どうでしょうか。それって良いのか悪いのかと悩みませんか。

五年後と聞いて、完璧に想像できますか。

どうなっているかわかりませんよね。自分も世の中も。そんな状況で生存確率が五〇％と言われても、じゃあ半分生きる可能性があって、半分死ぬ可能性があるっていうのは、嬉しいことなのか悲しいことなのかどっちですかと担当医に尋ねたところで「人によりますね」としか言えないでしょう。担当医もそこまでしか言えません。医師は予言者じゃありません。

これが確率論という、一見すると合理的に見えるけれど、個人にとっては必ずしも助けにならない数字です。この手の数字については、なにか目安でも出さないと治療の選択の客観的な根拠にならないという医療側の言い分（保身）が前提としてあります。

ですので、場合により患者さんにとって却って不安・心配になってしまうこともあります。数字を告げられて元気をなくし状態が悪化する人もいます。健康な人も同様ですが、人間というのは気落ちすると免疫力が下がるのです。

知人に聞いた話ですが、担当する患者に「あと何年生きたいですか」と尋ねる医師もいるようです。こう言われては答えに窮するのではないでしょうか。健康な人間だって今日か明日、なにかの理由（状況）で急に他界する可能性があるのです。

どれくらい生きられるかわからないのは病気で治療を続ける人だけじゃなく、私たち全員です。明日の保証なんてありません。

がんのステージが進んで、残り三カ月と宣告されたにもかかわらず、数年、あるいは十数年も元気に生活される方がいます。その逆に、すぐに手術をと言われ外科手術をした、あるいは強い薬剤を短期間に投与した結果、免疫能が急速に低下して合併症で亡くなる方もいます。

個別の治療や診断の結果が完璧なら、余命宣告の通りに死亡するでしょうし、合併症で急死することはないでしょう。しかし医療でわからないことは多々あります。その人の心身の状況にもよりますが、むしろ余計なことをしないほうがいい症例もあります。医療には完璧という状況がないと私が述べたのは、そういうことです。

完璧なんて、この世にありません。

だから自分にも他人にも完璧は求めない。求めれば求めるほど苦しくなるだけ。私たちは最初からそれを知っているはずです。

人間の体にも、
この世にも、
完璧を求めたら辛くなる。

本はいちばん身近な逃げ場所

自分の居場所は自分で決める。

これが基本ですが「居場所は複数持つ」とストレスを溜めません。

最もリラックスできるのは、飾らず自分らしくいられる場所（コミュニティとか交流する仲間）です。まずは中心となる居場所を決め、副次的にいくつか楽しめるコミュニティに参加してみること。

その中心となる居場所ですが、時間の流れで変わっていいと思います。以前はAという居場所が心地良かった、今はBのほうが心地良い、でもAともゆるくつながっている、さらにCという居場所もできた、そんな感じです。

そのためには「浅く広く」の付き合いがあると良いでしょう。

これまでの付き合いは「深く狭く」だったという人も多いと思います。気の置けない顔の見える仲間と過ごす時間は、濃くて楽しい。でも、仮にそのコミュニティでなにか軋轢や衝突でもあれば、居場所を失うことになります。経験がある方もいらっしゃるのではないでしょうか。

失ってしまうのは、居場所がそこにしかないからです。

ご近所だけ、家族や親族だけ、特定の友人だけ、仕事仲間だけ、「〜だけ」という限定的な交流では、気持ちの逃げ場を作ることができません。

カルチャー教室に参加する、講演会に行ってみる、スクール（学校）に通う、ネットのコミュニティに参加する、お店で知り合った仲間と交流する、ボランティアに参加する――、浅く広い交流の場を複数持つことで、脳科学的には「刺激の場と逃げ場」を同時に得られます。

本という存在も貴重です。

今でこそ私はいくつも居場所を持っていますが、現役（勤務医）時代、なかなかそれができませんでした。しかしさほどストレスを溜めなかったのは、本を読んでいたおかげでしょう。

本はそれ自体が世界であり、宇宙です。

仕事漬けだった当時の物理的な居場所と言えば、大学病院の研究棟にある自室だけ。窓には鉄格子がはまっているL字型の独房のような空間でした。

それでも頭の中はいつも無限大でした。世界中で発行されている様々な本を読むたびに、空想に耽る。その時間が楽しかったのです。

二歳半で脳症を告げられ、重度の障害者として講演会や作家活動をする神原康弥さんの居場所は、もしかしたら私たちよりずっと広いかもしれません。

神原さんは車椅子生活です。常に介助が必要な状態です。

自分で動くことができませんが、神原さんの意識は動物や植物との交流を可能にし、神様や妖精とも交信できるそうです。体が動かない分、人類が持っていながら封印してしまった本来の潜在能力をフル稼働できるのでしょう。

なお、居場所を複数作る際の注意点として、

①　年齢、経験にこだわらない
②　謙虚にふるまい、自慢しない
③　どっぷりはまらない
④　小さな親切、小さな助け合い
⑤　見返りを求めない

以上のような姿勢が必要でしょう。

私たちは「つながり」と聞くと強いイメージを想像しますが、つながりは人によって、コミュニティによって、ありようが違います。

弱いつながり、浅いつながりは、これまで低く見られてきましたが、なにが起こるかわからない先行き不透明な時代において「弱くて浅いつながりを複数持つ」というスタイルは変化に対応できるのです。

広く浅いつながりを
いくつか持つ。

空気は読んでも従わない

私は高校生くらいから空気を読まない人間の典型でした。真理は数の中にない、つまり大勢の人が言うことが必ずしも正しいわけではないと感じることについては従わず、自分が思うように動いてきました。

第三者から見れば、空気の読めない不可解な奴であり、完全に浮いた存在だったでしょう。でも「こうしたらもっと良くなる」と思って仕事をしていたので、同調圧力がかかろうと空気を読めと言われようと、ずっとマイウェイでした。

空気を読め。この言葉は良し悪しです。

場のムードが和やかなら問題ありません。宴席で祝辞を述べる人がマイクで話し始めるとその場が静かになりますが、これは空気を読んだ結果です。

しかし、考え方や思想や行動について、自分が違和感を感じるような圧力（同調圧力）なら、公共の福祉に反しない限り、集団に無理に従う必要などありません。

つまり「空気を読んでも従わず」です。

日本でも世界各国でも、同調圧力が蔓延しています。

主な理由は、自分に一致していないために意識が狭まり他者を許容できる余裕がない、不寛容だからです。

国にも国民にも余裕が見られません。人も社会も余裕がなくなり、不安や恐怖が芽生え、ギスギスし始め「自分と違う人」が許せなくなり、次第に攻撃を始めます。黙って大きな流れに従え、自分を殺して多数派に従え、そんなムードが支配します。

三章でそのあたりを詳述しましたが、自分がこうありたいと思うことを他人様にあれこれ言われて邪魔されるとか、思想や行動の自由を制限される筋合いなどありません。私たちは全員その権利を生まれながらに持っています。

多様性を認めましょう。大きくステージが変わる時代です。多様性は生命の進化を支える基本です。不寛容は多様性を阻止する要素です。

好きじゃない人（つまり嫌いな人）、自分とは合わない考えの人が、所属する集団――、クラス、会社、自治会、親族、サークルや趣味の会など、自分が参加するコミュニティにいたとしても排除しないこと。力でなんとかしようとすると相手も力で対抗します。

自分と合わない人は「嫌な役割をやってくれている（嫌われる役回りを引き受けてくれている）」人。そう思えないかもしれませんが貴重な方々です。

もちろんそんな人がいないコミュニティは最高ですが、彼らが存在することで自分がなにかを学べる機会もあります。だから無理に排除しないこと。

そうではなく、先述したように「居場所を複数持つ」こと。こちらを大切にしてみてはいかがでしょう。深く狭くだけでなく、浅く広くという交流スタイルに幅を広げる。

どこかの集団で仲間外れにされるとか、嫌な思いをしたとしても、居場所が複数あれば、確実に逃げ場を持てます。**自分を嫌いにならず、自尊心を失わず、息苦しさを感じ続けることがありません。**

いろんな人がいる。
合わない人もいる。
他人を認めても、
自尊心は保てる。

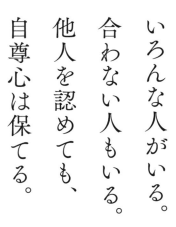

目標は、なくてもいい

人生の目標とか目的とか、そういうことを熱心に探求される方もいらっしゃいますが、とくになくてもいいのではないでしょうか。

自分で、これをやろう、これが目標、これが目的だと、あれこれ作ることで楽しめるならやればいいし、なくても全然構わない。

逆に質問ですが、目標とか目的とか、必要なんでしょうか。

私はそういうのを全く作らずに生きてきたし、これからも作るつもりはありません。著書で述べてきたように、勤務医時代については業務上の目標設定はありました。でもそれだけ。あくまでも仕事上の話です。**個人的には、なにもありませんでした。**

ストレスが溜まるのは目的や目標を意識し過ぎるからということもあります。

よく「生きる意味が見えない」とか「なぜ生きているかわからない」と悩む人がいますが、どうなっているかわからない先のことを考えて自分の心を雁字搦《がんじがら》めにしてしまって悩むのはいかがなものでしょう。

少し前の項目で転生（生まれ変わり）の話をチラッとだけしましたが、私たちがこの世に生きていること自体に大きな意味、というか「価値」があります。だから生きる意味という言葉はそもそもおかしいのです。

生きている、そのことが価値。それを信じてください。そうでないとあなたのすぐ近くに存在する、先にあの世に還った方々（家族、友人）が残念がります。

「下手の考え休むに似たり」

良い知恵も浮かばないのに長いこと考えるのは時間の無駄という意味です。

時間は限られています。だから中今に生きる。くよくよせず今を楽しむ。中今がわからないなら外を歩く。「歩き禅（歩きヨガ）」です。走ってもいい。体を動かすこと。悩みが吹き飛び、答えが自然と出ます。

今、生きていることに
価値がある。

自分のたった一人の相棒は自分

さらに自分を認めてあげてください。

自分を褒めてあげること。やってますか。

自分の味方って最終的には自分だけ。死ぬまで、この世を去ってあの世に還るそのときまで、ずっと付き合ってくれるのは自分だけです。

だから自分を否定しない、無下にしないこと。

否定は相対感で生じます。相対感は「誰かと（なにかと）比べる」ことで生まれる感情です。いつも自分を否定している人は自分への承認ができず誰かに承認してもらおうと迷走します。でも歪んだ承認欲求だから、ストレスが溜まります。

素直に自分を認める。「いつも頑張ってるね」と。「ありがとう」と。

だって、こんなに複雑な世界で毎日、生きているわけですよ。ストレスを溜め、嫌な思いもし、それでも生きている。だから「偉いね」と自分を褒める。生きていることに価値があるわけです。

相対感を持ってしまう気持ちも、十分わかります。

相手が自分より優れているように見えて羨ましく思ってしまう感情を持っている人もいるかもしれません。相対感そのものは否定しません。競争は社会の原動力です。

でも、資産を持っているから、豪邸に住んでいるから、家系がすごいから、親族に著名人がいるから、友人が数多くいるから、だから相手は優れていて自分はダメというのは、相対感が強過ぎて制御できない状態です。

このように金や地位にこだわると窮屈な生き方になります。

私たちは自分の体を選んだ上で生まれました。「これがいい」と選んでこの世に生まれました。自分はたった一人の相棒です。それを忘れないでください。

人に褒められるのを待たずに、
自分で自分を褒める。

大事なことは自分の中で答えが湧くもの

大事だと感じることは、自分で決めましょう。誰かに相談するのも良いですが、相談しても最終的には自分で決める。依存しない、任せない。

それは**不思議なことに、大事なことって自分の中で答えがフッと湧くものです。**

高次の自己は「高次の自己（ハイヤーセルフ）」が教えてくれるからです。

高次の自己は私たちのすぐそばに存在し、多くの思考や決断や行動に際してヒントをくれるありがたい存在です。生まれたときから見守ってくれています。

仕事に関する問題の解決法が見つからず悩んでいた知人は、繁華街を歩いていたときにふと目に留まった看板で答えをもらったそうです。まさにそのタイミングだったのでしょう。意識しないだけで、誰もがそういう体験をしています。

私が自分の過去世（輪廻転生）の話を講演会でするようになったのは二〇一九年からですが、これも「もうそろそろいいかな」という自分の中に湧いた決断でした。無意識下で、そういう話もこれからはオープンにしようというメッセージを受け取ったタイミングだったのでしょう。それまで講演会ではしませんでした。

最初のタイミングは二〇一八年に高野山で行なった講演会でした。

総勢三〇〇人くらいのお坊さんの前でそういう内容の話をしましたが、胡散臭いと思われるかなというのは杞憂で、講演後に「お大師さま（空海上人）のおっしゃっていたことは本当だったのですね」と喜んでくれる方が多数いらっしゃいました。

私たちには過去世があります。輪廻転生が確実に存在します。

そういうことはオカルトでファンタジーだと失笑する方は、それで構いません。その方々に深く理解して欲しいと願う気持ちはありません。いずれ他界したら、矢作が言っていたのは本当だったとわかることでしょう。

私たちはあらかじめ決めた課題をもってこの世にやってくるときに、あの世や前の生のことを忘れるようになっているだけです。

答えは自分の中に求める。

年を重ねるにつれて「自他同然」を感じる

不思議なもので、私たちは年を重ねると二つに分かれます。執着やしがらみが、強くなる人と弱くなる人です。

どちらが良いかは説明不要。なるべく、どんなことにおいても執着心やしがらみを捨てた方が良いでしょう。できる限り排除しましょう。

その状態でいると、必ず自分にも周囲にもストレスが蔓延します。執着やしがらみを手放すには先述したように、

「どうでもいい、どっちでもいい、と柔軟に考える」

「たとえ自分ではわからなくても、そういうものだと思う」

「お互いの違いを否定しないこと」「自分こそ正義だと思わないこと」

そんなスタンスが不可欠です。要は多様性を認めること。

世間相場、常識、一般論などと称するもの、つまり「社会の基準みたいなもの」にとらわれ、自縄自縛の状態で考えると、どうしても執着しがちです。濃密な人間関係、閉鎖的なムラ社会、そこから動かずにずっといると、やがてしがらみが生まれ、それは強い執着心となります。

虚栄心も不要です。虚栄心は「相対感により生じた誇張した自分」です。会社などの肩書き、資産家、有名人、立派だと言われる家系の方に多く見られがちな「自分はすごい（偉い）」という感情は、人が本来持つ自尊心とは全く異質な感情です。本来の自尊心は「あるがままの自分を承認する純粋な感情」です。

先述したように、私たちにとっては、この世に生まれたこと、この世界で生きていること自体が価値です。だから虚栄心がなくても見劣りしません。

でも人間は目に見えるなにかを相対的に自慢し、誇りたくなる。自慢し、誇っているうちは、人として未熟な状態です。他人からどう見られているか、気になってしかたがない初期の段階（人生のファースト・ステージ）です。

虚栄心は不要ですが、自信は持ってください。自分を信じる心です。**例えば無人島に漂流したとき（極端な例ですが）、周りとの相対感により生じた誇張した自分は消えますが、自信は持ち続けることができます。本来の自尊心も同様です。**

私たちは「ワンネス」という存在です。

ワンネスはたった一つという解釈。大いなる一つとも言われます。

私たちは個であると同時に全体です。自分自身であり他人自身です。様々な感覚が無数に分裂したかと思えば、それらがぎゅーっとまとまり一つになります。思考は無数に分派しますが、大本はたった一つです。

それがワンネスだと、私は解釈しています。

自他同然という言葉があります。自分も他人も同じという意味です。ワンネスと同じ解釈です。日本人は、言われなくても知っているわけです。

ラグビー日本代表の活躍でワンチームという言葉が二〇一九年の流行語大賞に選ばれましたが、この言葉もどこかワンネスを想起させます。

無数の個であるけど、たった一つ。たった一つだけど、無数の個。

普段はこの世界でバラバラに生きているけど、実はすべてが仲間だと認識できれば無用な争いが減ります。大きな一つの存在から個別に分離してこの世に転生し、それぞれが違う課題、違うテーマを背負って生きている、でも元はたった一つ、ワンネスなのだと理解できれば、他人を攻撃することなく自分と同じように大切に接することができます。**自分を好きになるように他人を好きになれます。**

ワンネス意識を持つためにも、今を楽しんでください。中今の心を忘れないでください。今を楽しんで、無心、童心になれば、他人への相対感やプライドなんて消えます。誰かを否定したい、攻撃したいと思いません。他人との違いを恐れることなんて意味がないと気づきます。最高にハイな状態です。

世界は個人が支え、個人は世界に支えられている。その意識の中で、自分の人生を生き切りましょう。

虚栄心ではなく、
自信を糧に生きる。

【著者紹介】
矢作直樹（やはぎ・なおき）
1956年、神奈川県生まれ。81年、金沢大学医学部卒業。その後、麻酔科を皮切りに救急・集中治療、内科、手術部などを経験。99年、東京大学大学院新領域創成科学研究科環境学専攻および工学部精密機械工学科教授。2001年、東京大学大学院医学系研究科救急医学分野教授および医学部附属病院救急部・集中治療部部長となり、15年にわたり東大病院の総合救急診療体制の確立に尽力する。16年３月に任期満了退官。
著書に、『人は死なない』（バジリコ）、『おかげさまで生きる』（幻冬舎）、『悩まない』（ダイヤモンド社）、『身軽に生きる』（海竜社）、『自分を休ませる練習』『長生きにこだわらない』（文響社）などがある。

自分を好きになる練習
何才からでも始められる「自分育て」

2020年５月26日　第１刷発行

著　　者　矢作直樹
装　　幀　長坂勇司（nagasaka design）
写　　真　鷹野晃
イラスト　kinatsumi
構　　成　せちひろし事務所
本文組版　株式会社キャップス
編　　集　野本有莉
発 行 者　山本周嗣
発 行 所　株式会社文響社
〒105-0001　東京都港区虎ノ門２丁目２－５
ホームページ　http://bunkyosha.com
お問い合わせ　info@bunkyosha.com
印刷･製本　中央精版印刷株式会社

ISBN 978-4-86651-227-3

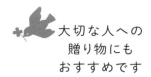

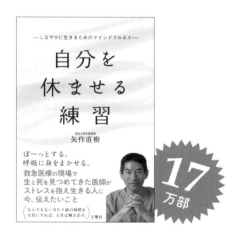

いい顔で
年を重ねるための
心の持ち方

人生100年時代の
すこやかな生き方

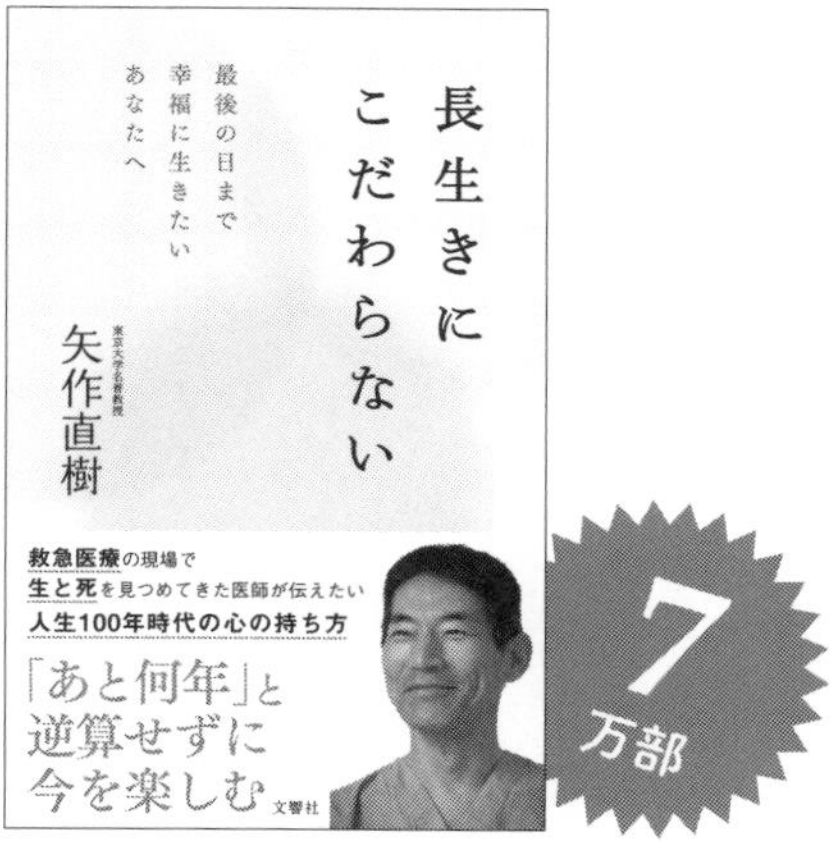

長生きにこだわらない

最後の日まで幸福に生きたいあなたへ

矢作直樹

定価1,150円（+税）
ISBN　978-4-86651-116-0

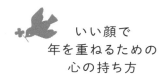

自分を好きになるために
つぶやきたいひとりごと

- □ まずは自分に「ありがとう」
- □ 人間関係は「まあいいや」と「そうですか」
- □ ＳＮＳでは反論せずに「いいね」を
そっと押す
- □ 大変なときは「お互いさま」
- □ 完璧を目指さず「あきらめる」
- □ なにが起きても「そうういうものだ」
- □ すべて「どっちでもいい」と思う

点線で切り取り、デスクの前や冷蔵庫などに貼ってお使いください。